Tomás Páramo

Si supieras quién soy

ESPASA

Espasa, sello editorial de Editorial Planeta, S. A.
Avda. Diagonal, 662-664, 08034 Barcelona (España)
www.planetadelibros.com
www.espasa.com

Con la colaboración de Emma Lira
Diseño de la cubierta: Planeta Arte & Diseño
Ilustración de cubierta: © Merche Gaspar a partir de la fotografía de © Elena Bau
Fotografía de solapa: cortesía del autor

Primera edición: abril de 2025
ISBN: 978-84-670-6919-8
Depósito Legal: B. 5.622-2025
Preimpresión: Safekat, S. L.
Impresión: Black Print
Printed in Spain - Impreso en España

PEFC Certificado
Este libro procede de bosques gestionados de forma sostenible
PEFC
PEFC/14-38-00305
www.pefc.es

A María, por amarme cuando menos lo he merecido,
que ha sido cuando más lo he necesitado.

PRÓLOGO

Punto y final. Cierro el libro y me sumerjo en la profundidad de la vida. Cada página que he leído está envuelta en algún tipo de sentimiento, en una emoción escondida, en las contradicciones con las que convivimos, en la realidad que nos abraza. La vida en estado puro. O la vida interior en estado puro. Porque este libro respira una carga emocional de tal envergadura que, al leer, tienes que parar, reflexionar, pensar. Puedes coincidir, o no, con muchos de los pensamientos escritos por el autor, pero no te va a dejar indiferente. Es la sensibilidad en estado puro. Es un libro donde cabe el amor, la fe, el miedo, el sufrimiento, la alegría, la angustia, la esperanza, la impaciencia, el porqué. Es la búsqueda de la verdad, quizá como fuerza liberadora que equilibre, por fin, una vida cargada de planteamientos. Es el adulto —¿o es el niño?— que se cuestiona todas y cada una de las emociones que siente y que padece en ese escenario cargado de vivencias.

Tomás, Tomás Páramo, Tomi. Uno de los mayores regalos que Dios me ha hecho en la vida, desde que hicimos juntos aquel viaje a la frontera del horror y que nos unió para siempre. Dios sabe muy bien lo que hace y, desde entonces, él y su familia se han convertido en la mía. Qué felicidad que me pida que escriba su prólogo. Es un honor. Porque si alguien puede escribir un libro sobre la vida, su vida, la que esconde hasta en lo más íntimo de su alma, es él. Lo hace desde las entrañas y lo hace de maravilla. Leerle es escucharle hablar en alto, con la misma pasión, sin filtros, sin vergüenza de enseñar todos y cada uno de sus sentimientos, de sus miedos, de sus imperfecciones, de sus anhelos. En este libro y en cada una de las reflexiones que tan bien sabe plasmar. ¡Cuántas veces le habré dicho la envidia que me da cuando escribe tan bien, y con tanta facilidad y rapidez!

Si supieras quién soy es Tomás en sí mismo. No puede existir un título mejor. Porque entre sus páginas se encuentra la naturaleza de un hombre que utiliza la palabra escrita para vomitar sus sentimientos. Porque Tomás es un sentimiento en sí mismo, una emoción. Que te abraza con tanto amor que te rompe. Que llora como un niño y te llama, desde la realidad del horror, llorando, derrumbado, por lo que acaba de ver. O que te deja un mensaje, en un día de lluvia, mientras te canta una canción para decirte lo que te echa de menos. Y te partes de la risa.

Con él, lloro y río, comparto reflexiones, profundizo, hago «locuras», me desespero cuando no me contesta y me olvido de la desesperación nada más escuchar su voz. Aunque haya pasado el tiempo suficiente para que mi carácter se altere y me prometa a mí misma que no le vuelvo a llamar.

Tomás es el hombre más emocional que conozco. Y lo quiero con locura.

Siempre digo que nada es lo que parece. O nadie. Detrás de este gran hombre, de esta imponente fachada de *influencer,* descubrimos a un ser que irradia humanidad. Tomás es un alma desnuda. Un libro abierto. El que tienes entre las manos. Ahora, sí, sabrás quién es.

MARTA BARROSO

En esta noche en la que vuelo bajo, me encantaría que supieras quién soy realmente.

Soy yo: menos que tú y más de lo que nunca creo ser.

Soy miedos y verdades, cielos naranjas, azulados, oscuros y estrellados. Si supieras quién soy, entonces yo podría ser de verdad. Con el corazón en una mano y la vida en la otra, exprimiendo cada segundo, sin bajar la voz.

Soy dolor, alegría, tristeza y sueños.

Soy el amigo de mis amigos, la justicia frente a lo injusto, y, cuando solo sé pintar con negro, mi propia máquina de demolición.

Soy de amar sin medias tintas, jugándomelo todo a una carta.

Soy para mí, para ti y para todo el que está por llegar.

Soy alto, aunque, a veces, el más bajo. Soy fuerte, pero lleno de debilidad. Soy perfeccionista, ahogado en mil millones de imperfecciones.

Soy una noche de verano, un viaje a cualquier parte del mundo, buena música en la orilla o tres copas en altamar. Soy de aquí, de allí y de cualquier sitio.

Me gusta amar, viajar, jugar, rezar, cantar, bailar, soñar, besar y abrazar.

Me quedo con la vida y con las ganas de recomenzar siempre.

Soy la luz de una vela y mil historias que compartir, un abrazo a medianoche y mil garabatos al azar.

Soy lo que no ves, no lo que te han contado. Soy cada uno de los ojos que guardo en mi alma, y cada una de las historias que cargo en mi corazón.

Soy la luz que, sin querer, apago y el inconformismo continuo del explorador.

Soy la sonrisa de mi madre, la timidez de mi mujer y los ojos de mis hijos.

Soy el mundo de mi padre, el abrazo de mis amigos, el amor de mis abuelos y la sangre de mis hermanas.

Soy menos de lo que te imaginas y más de lo que nunca podrás imaginar.

Soy esta noche de insomnio y el sonido de la oscuridad.

Soy yo, igual que tú, y único a los ojos de Dios.

Tomás Páramo

1

Llueve. Cada vez que recuerdo ese momento, llueve. Los parabrisas arrastran de un lado a otro del cristal unas gotas que me suenan a lágrimas. Su movimiento es tan hipnotizante que no puedo dejar de mirarlo; quizá porque es lo único que sugiere un movimiento metódico, rítmico, ordenado a mi alrededor.

Estoy en el asiento del copiloto de un vehículo, en una gasolinera anónima de la carretera de Burgos. Como en una película, el resto de las personas van llegando y saludándose. Solo conozco a unos pocos. Hay algo irreal en el ambiente y una expectación que trata de salir a flote sobre la tristeza que empaña todo. La adrenalina salpica la escena de risas nerviosas.

Nos espera un larguísimo viaje hacia el norte y el este, al alma herida de un país en guerra. Y ayer ni siquiera sabía que hoy me encontraría aquí.

Es un día de mediados de marzo. Debería estar asomando la primavera, pero hace frío y llueve. ¿Lo he dicho ya?

Un golpe en la ventanilla me saca de mi ensimismamiento. Es Marta. Bajo el cristal y me entrega uno de los dos cafés calientes que lleva entre las manos en vasos de cartón. Su aroma me retrotrae a una cálida sensación de confort.

—¿Quieres algo más?

—No. Iremos parando, ¿no?

—Sí, claro. Necesitaremos ir al baño y comer —bromea—. Dormir, incluso.

—Pues ¿vamos ya?

—¿Estás impaciente? —me pregunta con una sonrisa cómplice.

—Mucho —le reconozco.

Marta Barroso es una fuerza de la naturaleza. Ella se ha unido al proyecto que, de forma rápida, se puso en marcha y al que decidimos sumarnos, tras el feroz estallido de una guerra con Rusia que, hasta el último momento, me parecía imposible. Yo estaba en Roma cuando se desató el conflicto. Quizá la brutal realidad me lo pareció más por oposición a la mía propia: mientras millones de ucranianos se preguntaban qué iba a ser de sus casas, de sus familias y de sus vidas, María y yo saboreábamos una dulce escapada a Roma. Habíamos ido a ver al Papa y la noticia nos atravesó mientras nos tomábamos de la mano en aquel Jardín de los Naranjos donde, hace lo que parece una eternidad, me atreví a pedirle que se casara conmigo. La noticia de una guerra en Europa me impactó y me conmovió como solo los que me conocen saben que lo hacen los conflictos absurdos, lejanos o cercanos. No sé si lo pensé en aquel momento, pero había un paralelismo feroz entre mi necesidad de irme, a la penúltima frontera de Europa, y la que experimenté a mis diecisiete años, cuando me adentré por vez primera en la auténtica miseria y me instalé en un rincón de Camerún sin mucho más que mi fe y mis ganas de ayudar. No lo pensé en ninguna de las dos ocasiones.

Camerún me rompió por dentro. Y después me ayudó a reconstruirme. No sería quien soy sin esa etapa.

Aunque creí que ya conocía el proceso, supe que con Ucrania ocurriría de nuevo.

—Tenemos que hacer algo —le susurré en voz muy baja a María. Rezar no me parecía un consuelo suficiente—. Tenemos que ver si se va a organizar algo y compartirlo a través de nuestras redes —insistí, consciente de su poder amplificador.

María asintió en silencio. Quizá porque me conoce bien, intuyó, incluso antes de que yo mismo lo descubriera, la magnitud de mi necesidad.

Durante los primeros días, efectivamente utilizamos nuestras redes como un altavoz para articular toda la logística surgida de forma espontánea, ante el llamamiento de los cientos de miles de desplazados que generaba el conflicto. Marta Barroso era mayor que yo, pero nos movía la misma ilusión, la misma impulsividad, las mismas ganas de ayudar, de hacer cosas, de sentir que estábamos aportando nuestro grano de arena. Junto a ella, coloqué material, clasifiqué cajas y ayudé a cargar los convoyes que partían hacia la frontera polaco-ucraniana, sin cansancio. No podía permitirme pensar en mi esfuerzo, cuando la gente que huía lo había perdido todo. El suyo era el verdadero esfuerzo. Yo no estaba haciendo nada, absolutamente nada.

Y entonces lo vi claro.

Tenía que cansarme física y psicológicamente. Tenía que mancharme, arrodillarme, remangarme, bajar al barro.

Tenía que ir.

Estábamos reunidos varios voluntarios en un garaje, clasificando material de primera necesidad, que saldría al día siguiente en un convoy, y que volvería con ciudadanos ucranianos que tenían familia en España. Eso ya no era rozar el conflicto, era implicarte en él, dejar que te arrasase. Llamé a María precipitadamente por teléfono. Lamenté no poder decírselo mientras la miraba a los ojos.

—María, tengo que ir.

—¿A dónde?

—A Ucrania.

—Tomás, no puedes irte; el convoy sale mañana.

—Pues tengo que irme mañana —le contesté convencido.

—Tomás —me insistió—, no puedes echártelo todo a la espalda…

Sabía de lo que hablaba y tenía razón. Nunca he sido indiferente al dolor ajeno. Al revés. En mi caso, a veces la empatía se convierte en una debilidad psicológica. Y María también lo sabía.

—Es que no sé si voy a perdonármelo si no lo hago…

Busqué a Marta. Ella era una de las conductoras que salían al día siguiente. Casi antes de que hablara, notó la decisión en mi mirada.

—Marta —le dije—. No puedes irte sin mí…

Me tomó las manos, emocionada.

—No, Tomás. No puedo irme sin ti… —decidió.

Lo comentamos con la coordinadora, pero ella se opuso tajantemente. No, claro que no quedaban plazas libres a apenas unas horas de la salida. No podía embarcarme en aquella ocasión, aunque podrían tenerme en cuenta para otras, me dijo. Y eso me hizo pensar que ellos mismos, los que estaban luchando para paliar los efectos de la guerra, intuían que iba a ser larga. Muy larga.

Su último argumento me convenció de la inviabilidad de mis deseos.

—Además, Tomás, si vinieras tú, sería una plaza libre menos para traer de vuelta a alguien.

Eso era incuestionable. Y me dije que quizá, pese a mis desesperadas ganas de ser útil, aquel no fuese mi momento.

—Todo pasa por algo —le comenté a Marta—, yo puedo seguir ayudando desde aquí. Vete tú por los dos —le pedí.

A las diez de la noche, empezaba la reunión de los voluntarios que partirían a las cinco de la madrugada. Marta me pidió que asistiera con ella.

—¿Para qué si no voy?

—Para hacerme compañía.

Aún no sé por qué me quedé. Quizá por respirar esa sensación de improvisación junto a ellos; por escuchar las claves sobre rutas, seguridad y fronteras; por acercarme lo más posible a su realidad. Y entonces sonó el teléfono de uno de los chicos sentados en aquel círculo. Se puso en pie, con un gesto de disculpa, como si aquella fuera una llamada esperada e importante.

—¿Qué? —le oí decir, tratando de escuchar entre las conversaciones que resonaban en aquella casa—. ¿Que han ingresado a mamá?

Marta apretó mi mano muy fuerte y yo contuve la respiración.

Fue ahí cuando supe que me iba.

María lloró al enterarse. Su voz se tornó incrédula. Deseaba apoyarme, pero ese miedo instintivo a lo que podría suceder se deslizó por su piel durante unos segundos. Imagino que un montón de imágenes se atropellaron en su mente. Una guerra. Un coche atravesando las carreteras de Europa hacia un país en conflicto. Refugiados. Ella sola en casa. Nuestros dos hijos tan pequeños…

—María, no es peligroso —traté de tranquilizarla—. Es ir y volver. Iremos turnándonos en la conducción. Alguien tiene que ayudar a todos los civiles inocentes que desean escapar de la guerra.

Si pensó por qué tenía que ser yo, tuvo la delicadeza de no decírmelo.

—Tomás… —me recordó—, el día 14 es el cumpleaños de tu hijo.

Miré el reloj de nuevo. Como si pudiera darme la pauta de todas mis acciones. Faltaban cuatro días.

—Para entonces —le prometí— ya estaré de vuelta.

No podía pensar en nada más. Solo que quería ir, que necesitaba irme. Que me iba. Que tenía un nudo enorme en el estómago y que, a las cinco de la madrugada, tenía que estar en una gasolinera de la carretera de Burgos donde, desde esa noche, siempre llueve en mis recuerdos.

Partimos. El convoy estaba formado por unos diez coches, pero cada uno emprendió su propia ruta para llegar a la frontera ucraniana. En el coche, que iba a ser mi pequeño hogar durante los tres días siguientes, solo conocía a Marta, pero acogía a otras dos ocupantes: Susi, la dueña del vehículo, otra voluntaria como nosotros, con quien turnarnos en las tediosas horas de conducción; y María, una abuela ucraniana que iba a la frontera a recoger a sus nietos, porque sus hijos habían decidido quedarse allí. María hablaba español perfectamente, pero iba callada, con la mirada perdida en el paisaje. Yo me imaginaba que, si intentaba hablar, se le escaparía el llanto que tenía atascado en la garganta.

—María, ¿vas bien? —le decía yo buscando sus ojos huidizos en el retrovisor.

—Sí, señor —me contestaba ella.

—No me llames señor, María; llámame Tomás.

Las horas, la tensión y el objetivo nos unieron como solo te unen los momentos de gran intensidad. A todos nos habían prevenido contra distintas posibilidades, que ni siquiera te planteas cuando haces un recorrido por Europa y que, sin embargo, te asaltan como pesadillas cuando recorres un país en guerra. El fantasma de la mafia rusa nos perseguía en las sombras de cada bosque en el que nos adentrábamos; los ruidos repentinos nos asustaban como solo te asustas cuando crees que es la propia vida la que está en juego; y la visión de las tanquetas de guerra en las pulcras autopistas europeas le daba un toque de irrealidad a todo el recorrido. Teníamos miedo. En aquel contexto, viajando hacia la muerte, nos dábamos cuenta del valor de la vida. Quizá por eso exprimíamos las horas al máximo: sincerándonos en conversaciones durísimas, cantando a voz en grito, riendo hasta las lágrimas o llorando sin pudor ninguno.

—¿Habéis visto? —preguntó Susi una de las veces, cuando un tren pasó a nuestro lado, por la vía paralela a la carretera, como una exhalación—. ¡Qué susto!

—Ha pasado tan rápido a nuestro lado, con ese ruido seco —le apoyé yo—, que pensé que era una bomba. ¿Tú no te has asustado, María?

—Yo también me he asustado, señor.

—Que no me llames señor, María… A la próxima, te bajas del coche.

Para cuando llegamos a la frontera de Wroclaw, habíamos compartido un sinfín de emociones y nos entendíamos casi sin necesidad de palabras. En algún momento de aquel trayecto alocado e incierto, María, la abuelita ucraniana, dejó de mirar por la ventana para mirarse a ella y a nosotros; para abrazar el futuro que venía, aunque no fuera el que hubiera deseado; para cantar, llorar y, sobre todo, sonreír con nosotros. Yo tenía la sensación de que habíamos montado en el coche a una mujer rota por dentro y la habíamos recompuesto a fuerza de intimidad y cariño; de que, en el interior de un vehículo, que circulaba por una carretera cualquiera de Europa, se había obrado un auténtico milagro.

Tocaba separarnos. No podía seguir con Susi, Marta y la abuela ucraniana hasta el final, porque mi compromiso era estar en Madrid el 14 de marzo, el día del cumpleaños de mi hijo. Las abracé a las tres como si ya me faltaran. Le pedí a María que se cuidase y le entregué una estampa de la Virgen.

—Toma —le dije—, para que te proteja a ti y a los tuyos.

María, mucho más pequeña de estatura que yo, casi tuvo que auparse para agarrarme los cachetes con manos apretadas. Tenía los ojos empañados de lágrimas.

—Tú vas a ser santo, hijo mío. Vas a ser santo.

—Vaya —sonreí abrumado—, casi prefería lo de señor.

Me sentía absolutamente privilegiado por haber podido compartir ese momento, por haber contemplado de cerca lo mejor de la condición humana: la solidaridad, la generosidad. Y agradecí todo lo que había sucedido en mi vida por haberme preparado para ese instante.

No sabía entonces que solo estaba preparado para la ida. Que nadie te prepara para estar allí.

Y mucho menos para la vuelta.

Muchas veces me han preguntado por aquella experiencia. He tratado de soslayarlo, pero quizá haya llegado el momento de enfrentarme a ella. Porque sin esa vuelta no habría sentido un dolor infinito e inabarcable. Quizá, sin esa vuelta, no habría existido una tristeza pegajosa y perenne, ni una reflexión verdadera, ni una necesidad imperiosa de apreciar cada una de las cosas que tengo como un regalo.

Sin ese regreso, no sería quien soy ahora. No necesitaría atesorar cada uno de los momentos de mi existencia y aspirarlos hasta el fondo. Quizá no necesitaría contarlo.

Ojalá me hubiera podido quedar con el final feliz de nuestro anterior libro, *Botas de colores para días de lluvia.*

Pero ¿no es tras los finales felices cuando comienza la verdadera historia?

2

—¿Dónde prefieres dormir?

—¿Perdón?

—Que dónde prefieres dormir… —me pregunta sonriendo María—. A mí me gusta más el lado de la ventana —se contesta a sí misma—. Me encanta despertarme con la luz del sol en la cara.

Su observación me pilla desprevenido y la miro asombrado. ¿Dónde prefiero dormir? Acabamos de volver de nuestra luna de miel y trato de rememorar las camas que hemos compartido juntos. Hemos dormido en tiendas de campaña; en hoteles con vistas al océano, en Zanzíbar; y en *lodges* en medio de la sabana; hemos dormido juntos y separados, con y sin Tomi, en las casas de nuestras familias. Pero, hasta ahora, jamás me había preguntado cuál era mi sitio favorito para dormir, cuál era mi lado de la cama… Quizá porque hasta ahora no teníamos una cama propia y nos daba miedo soñar con una continuidad constantemente amenazada.

Somos padres desde hace tres años; al principio, convivíamos de manera accidental cuando nos lo permitían. Éramos adultos y educábamos a un hijo juntos. Teníamos un espacio en el que cohabitar, pero no era nuestro hogar.

Siento que la sonrisa interrogante de María me acaricia la piel y un leve calor me abraza el alma. Sonrío a mi vez, porque la realidad a veces es mucho más sencilla de lo que imaginamos. Y la felicidad también: basta una simple pregunta de logística doméstica para situarnos en perspectiva y poner la máquina de los recuerdos en marcha.

—¿Te acuerdas de Málaga? —le pregunto—. ¿De aquella Semana Santa?

Se estremece y se acurruca a mí. Y por eso sé que se acuerda perfectamente.

—Llegué a pensar que nunca podríamos ser felices… —me reconoce.

—¿Te has arrepentido alguna vez?

Alza sus ojos oscuros para mirarme con una intensidad que duele.

—Nunca —me asegura—. De nada. Jamás.

Aquella Semana Santa vivirá para siempre en nuestro recuerdo. Y ninguno de los dos desea olvidarla. La necesitamos para valorar nuestro esfuerzo, nuestra constancia, nuestro crecimiento y para entender el camino que hemos recorrido hasta llegar aquí, a una habitación de matrimonio en un piso al que llamamos hogar.

Era abril de 2018. Un día de esos en los que lo único que necesitas es escapar de todo. Y lo hicimos. Solos. Los tres. Cogimos el coche y a nuestro hijo y nos fuimos juntos, llorando a moco tendido. Ninguno de los dos nos preguntamos a dónde íbamos, porque tampoco hubiéramos podido decirlo, pero el coche, ese espacio vivificante y nómada donde podíamos ser nosotros mismos siempre, fue el refugio que arropó nuestra tristeza. Ese era nuestro espacio. No teníamos dónde estar ni dónde ser en ningún otro lugar del mundo salvo en ese: el lugar que nos permitía ser libres. Allí no teníamos que obedecer ni fingir. No teníamos que disimular ni rozarnos a escondidas. Podíamos ser nosotros mismos: cantar, gritar, llorar, correr e incluso soñar muy alto.

—¿Es tanto lo que pedimos? —le había preguntado yo, tragándome las lágrimas.

—No, no es tanto, pero es difícil —me dijo ella—. Y, a veces, hay que ser más valiente para quedarse que para escapar.

Nos fuimos a ver el atardecer al lugar más lejano posible, donde sentimos que mar y sol se fusionaban, y el mundo se acababa. Y nos bastó con eso. Con estar juntos los tres, con mirarnos y disfrutar de todo lo que éramos. Sobre todo, nos bastó la confianza de lo que podríamos llegar a ser. Y la creencia de que, una vez más, lo bueno estaba por llegar.

—Qué lejos parece —le digo recordando ese momento—. ¡Y qué cerca al mismo tiempo!

—No teníamos nada entonces… —recuerda María—. ¡Y míranos ahora!

Nos callamos los dos. Sabemos que pensamos en lo mismo: en aquel recuerdo mágico que nació de un momento doloroso y al que hoy recurrimos, como si fuera un conjuro, porque nos enseñó que, pese a todo, lo que necesitábamos no estaba fuera de nosotros.

—Lo teníamos ya todo, pero no lo sabíamos. Nos teníamos a nosotros. Solo nos hacía fata un poco de paciencia; un poco de tiempo…

Las dificultades que salpicaron nuestra historia desde sus inicios hicieron que construir un hogar propio se convirtiera en un sueño. Llevábamos tanto tiempo tratando de construir lugares nuestros en hoteles, en coches y en viajes, en escenarios efímeros, que la sensación de tener por fin un espacio propio nos pilló casi desprevenidos. Al abrir la puerta de nuestra casa, descubrimos la verdad: que es aquí donde comienza nuestro verdadero viaje. El de los tres. Porque ahora tenemos que averiguar cómo somos en realidad. Quiénes somos. Tenemos que juntar las piezas. Tenemos que reconocernos de algún modo.

A veces olvidamos que la mayor aventura es la búsqueda de nuestros deseos. Corremos hacia lo nuevo y lo complejo, olvidando lo cercano y lo sencillo. Para nosotros, que venimos de una yincana absoluta, y hemos empezado la historia por los créditos, todo se convirtió en una primera vez. Porque, hasta entonces, nuestra opinión jamás había sido válida; no habíamos tenido nada nuestro y nos había dado miedo o pudor querernos.

Y, de repente, al abrir la puerta y empezar el viaje, todo cambia.

Preparar solos el desayuno es una aventura; decidir el lado de la cama o decorar juntos cada espacio es una aventura. Un espacio cerrado entre cuatro paredes puede convertirse en la auténtica sensación de libertad.

—Chicos, ¿nos vemos este fin de semana? —nos preguntan nuestros amigos cada viernes.

—Mmmm… —María me mira y sonreímos los dos en silencio—. No. Estamos cansados…

—Desde que os habéis casado ya solo queréis quedaros encerrados en casa…

Colgamos y nos reímos. Como los adolescentes enamorados que aún somos. Sabemos que es difícil de explicar y por eso ni siquiera lo intentamos, pero no necesitamos más. No requerimos de nadie. No en este instante egoísta, intenso y precioso. Nos volvemos asociales, porque nada más existe y detrás de nuestra puerta empieza nuestro mundo.

Comienza el descubrimiento conjunto. El de verdad. Porque hasta este instante nos habíamos descubierto por piezas, en escapadas, en viajes que se convertían en huidas. Es ahora cuando dejamos de huir para sentirnos libres y aprendemos a cuidarnos, a preocuparnos el uno por el otro, a poner cosas en común, a emprender actos tan sencillos como hacer la compra juntos. Aprendemos a dejar de vivir de chispas para mantener una hoguera.

Amarnos deja de ser algo clandestino. Nos atrevemos a adornarlo de música y de velas. Aprendemos que quererse nunca debería ser ni un pecado ni un problema, y que el fruto del amor puede ser algo absolutamente deseado.

Aprendemos que un hogar es una terapia. Un espacio curativo en el que los ruidos y los problemas quedan al otro lado de la puerta. Es así como todos los hogares deberían ser.

Descubrimos la generosidad. El placer de compartir, la necesidad de recibir amigos en casa, porque deseas regalarles un poco de tu espacio; descubrimos la felicidad de cada gesto mínimo y cotidiano. Y descubrimos que los muros se caen, por altos que parezcan. Y que, tras los escombros, nos esperan inmensas praderas al otro lado.

Desde esta serenidad recién conquistada, pienso en el accidentado comienzo de nuestra historia, en los cuatro años montados en una montaña rusa de la que, hasta ahora, jamás nos habíamos bajado. Nos hemos acostumbrado a convivir con una culpa que no teníamos. La más mínima alegría lo era porque se conquistaba desde el sufrimiento. Hemos integrado el dolor como parte de la dinámica; como si, de algún modo, fuese lo que nos merecíamos.

Durante este tiempo, sin quererlo, hemos hecho daño a algunas personas. Nos hemos hecho daño entre nosotros. Y nos han hecho daño, también.

Quizá este sea un buen momento para arrancar las tiritas y dejar que sanen las heridas.

3

Febrero siempre me ha gustado. Me hace ilusión cuando llega cada año. Me gusta que sea un mes diferente, pequeño y frío. Desde que María y yo estamos juntos, y celebramos a la vez nuestros cumpleaños, he aprendido a verlo con especial ilusión. Febrero de 2020 es aún más especial, porque nos pilla en Miami con nuestro amigo Marlon. Es un viajazo de amigos, playa y sol; un auténtico regalo, un atajo al invierno. En Europa es ya por la tarde cuando suena mi teléfono. Una llamada desde Roma me anuncia las peores noticias posibles: monseñor, la persona que supo guiar nuestros pasos, que entendió nuestro amor sin juzgarnos, y que nos reconfortó en todo momento; el sacerdote, a quien su enfermedad le impidió oficiar nuestra boda, acaba de morir.

Me falta la respiración y me cuesta asimilarlo. Se había convertido en mi guía, la persona a la que me había aferrado en los momentos más turbulentos se ha ido.

Lo hizo en paz. Al fin y al cabo, era algo sabido e inevitable e incluso aceptado por él. Releo el mensaje que nos envió el día de nuestra boda y no puedo evitar que me embargue un sentimiento de tristeza, la sensación de perder a quien ha sido mi referente durante los últimos años de mi vida.

—No estés triste —me sugiere María—. Él ya está donde quería estar.

—Lo sé, pero lo voy a echar mucho de menos…

—Quédate con la suerte que hemos tenido de disfrutar de sus consejos en estos últimos años. Quizá, sin él, las cosas habrían sido distintas…

No sé si las cosas habrían sido distintas, pero en cualquier caso seguro que nosotros, o al menos yo, sí habría sido distinto. Sonrío a María y trato de recordar el mensaje que aún conservo en mi móvil: «Sed felices, porque la vida exige felicidad». No es un mal consejo.

—¿Ves? —me dice María—. La vida continúa y el mejor homenaje que podemos hacerle es ser felices, como él nos pidió…

Intento permitirme disfrutar. Por él y por nosotros. En Reyes, María había decidido regalarnos un viaje a Nueva York para celebrar nuestros cumpleaños. El vuelo a EE. UU. está programado para el 11 de marzo. Tomi nunca ha hecho un vuelo tan largo y, desde hace unos días, los tres estamos nerviosos, felices y excitados. Nuestros padres están solo nerviosos. Hay un extraño runrún de fondo: los telediarios hablan de una enfermedad que va extendiéndose a una velocidad de vértigo por todo el mundo. Suena a ciencia ficción.

—¿Por qué no os quedáis en Madrid? —nos sugiere mi madre—. ¿Qué pasa si cancelan los vuelos y os quedáis sin poder volver de allí?

—Mamá —trato de tranquilizarla—, eso solo pasa en las películas. ¡Si nos cancelan la vuelta sería una suerte: así nos quedamos un tiempo en Nueva York!

El murmullo subyace. Se anulan algunos actos e incluso eventos internacionales. María y yo nos miramos en silencio. Nunca hemos sido muy alarmistas, pero la mañana de nuestro vuelo decidimos contactar con la aerolínea en busca de información.

—Si deciden ustedes no volar, perderán el billete —me avisa una señorita amablemente al otro lado del teléfono.

—¿No están cancelando vuelos?

—No sé qué están haciendo otras compañías, pero nosotros estamos operativos —me indica.

La operatividad dura apenas unas horas. A primera hora de la tarde nos avisan de que se cancelan los vuelos. Los colegios también han suspendido las clases. Todo tiene un aire ambiguo e improvisado. Los planes se suspenden. Decidimos irnos al campo con unos amigos y allí es donde nos pilla el mensaje del 14 de marzo en el que se declara el estado de emergencia. Todo empieza a parecerse sospechosamente a una película de miedo.

—¿Por qué no os venís con nosotros a casa? —sugiere mi padre—. Estaremos todos juntos. Por lo que pueda pasar.

Estamos felices con nuestra recién estrenada independencia, pero la idea de pasar quince días —con suerte— encerrados los tres en nuestro nuevo hogar no termina de gustarnos. No tenemos que pensarlo mucho para decir que sí. La casa de mis padres tiene más espacio, está abierta al campo, dispone de un jardín… Nos convencemos de que es lo mejor para todos. Hay una sensación subyacente de vulnerabilidad, de urgencia, una necesidad de abrazar a los nuestros, incluso sin caer en el alarmismo. Solo… No sé… Solo por si acaso…

Pese a que hace unos meses dejamos la casa de mis padres, para disfrutar de nuestra recién nacida intimidad, resolvemos volver al útero materno. La decisión no nos supone una contradicción interna, porque voluntariamente hemos elegido pasar juntos este encierro en el sitio del que huimos hace unos meses.

Volvemos. La situación es extraña, porque extraño es este nuevo entorno apocalíptico que nos rodea. Quizá el miedo a lo desconocido, a lo que quiera que sea que esté sucediendo lejos de estas cuatro paredes, nos ayude a hacer todo lo posible por sentirnos bien unidos y potencie un sentimiento colectivo y casi olvidado de felicidad. Volvemos a disfrutar juntos, a compartir, a cocinar platos nuevos, a hacer ejercicio en familia. Y yo vuelvo a la fe, buscando momentos de encuentro con Dios, porque es el único consuelo que entiendo ante lo desconocido. En nuestra nueva realidad todo es nuevo también: salir a la calle como si fuera una aventura; caminar con el campo florecido como si jamás hubiésemos vivido una primavera... Tengo la sensación de que, más allá del inevitable miedo a la muerte o al sufrimiento que subyace de fondo, el miedo a perderlas me hace disfrutar de las cosas con una intensidad mayor, con cierta madurez. Me doy cuenta de que estoy en una casa diferente a la que había dejado hacía unos meses, porque quizá también haya cambiado yo. Esta estancia es más feliz. Y por eso sé que me costará mucho más irme en esta ocasión.

Porque cuando queremos darnos cuenta, estamos conviviendo no solo juntos, sino más unidos de lo que hemos estado en los últimos años.

Y quizá ese roce continuo sea el que provoque que las heridas, aún en carne viva, y apenas descubiertas, comiencen a dolernos de nuevo.

—Ahora es distinto, ¿verdad? —me pregunta un día mi madre, mirándome con intensidad, como si deseara meterse en mis pensamientos.

—¿Distinto a qué? —pregunto.

—Distinto a antes…

—Bueno, es distinto, sí —me pongo a la defensiva, porque ni quiero abrir de nuevo la caja de las emociones ni quiero buscar culpas—. Ahora, al menos, no nos sentimos juzgados…

Mi madre me dirige una sonrisa triste e indescifrable.

—No juzguéis y no seréis juzgados —murmura.

—¿Qué quieres decir?

—Que todos juzgamos, Tomás. Absolutamente todos, pero solo nos damos cuenta cuando nos lo hacen a nosotros. Quizá te hayamos juzgado como padres, porque nuestro deber era asegurar tu bienestar, pero nosotros también nos hemos sentido juzgados. Y es doloroso, muy muy doloroso sentirse juzgado por un hijo.

Entonces todos los recuerdos enterrados se vuelcan sobre mí, como cuando abres la puerta de un armario descolocado. Todas las piezas vuelan desde distintos sitios para componer el puzle de mi adolescencia. Viajo al pasado desde el mismo salón de casa de mis padres para enfrentarme a cosas de las que siempre me ha costado hablar, a recuerdos que aún me hacen nudos en el alma; a un dolor sordo y latente que llevo años tratando de ocultarme a mí mismo, fingiendo que no importa. Pero esta vez, detrás de todo mi dolor, hay uno aún más profundo: el dolor silencioso de mi madre. Nunca lo había visto hasta ese momento.

Recuerdo mi adolescencia, el punto de inflexión que supuso dejar nuestra casa y cómo yo, egoístamente, traté de ocultármelo hasta a mí mismo. Me daba vergüenza asumir nuestra nueva realidad, como si esta pudiera empañar el impecable entorno social en el que me movía. Mi padre se reinventó por completo, para que no tuviéramos que prescindir de nada, y yo, en lugar de agradecérselo, desde la prepotencia de la adolescencia y desde mi falta de madurez, fui incapaz de valorar ese esfuerzo.

—¿Recuerdas cuando nos vinimos aquí? —me pregunta mi madre.

El resto está implícito. Los reproches, los disgustos, los enfados, los portazos… Mis padres empleaban todo su tiempo en su nuevo proyecto; y yo estaba perdido en mis propias emociones, sintiendo que me negaban su atención y su cariño, acumulando dolor y sensación de abandono, regodeándome en mi victimismo, buscando fuera todo lo que consideraba que no había en mi casa.

—Sí —reconozco en voz baja—. Al principio ni siquiera quería decirles a mis amigos que vivía aquí... Y ahora... —y miro a mi alrededor, agradecido por tener ese escape de luz y de amplitud en mitad de una pandemia mundial.

—Y ¿ahora qué?

—Me cuesta imaginarme un sitio mejor...

Nos miramos los dos en silencio. No sé qué piensa ella, pero yo pienso en esos años, en cómo nos separamos, en cómo fuimos fragmentándonos, como si la familia fuese una lámina de la que cada uno estira. Las situaciones se tensaron. Nos volvimos todos más exigentes e individualistas. Y mi madre se fue marchitando cuando notó nuestro desapego, sin saber cómo remendar los retales de aquella familia. Y mi padre, que necesitaba fortaleza, también fue alejándose, poco a poco, de lo que identificaba como debilidad.

—Yo os necesitaba —me atrevo a decirle—. Parecía muy fuerte. Y muy autónomo. Pero os necesitaba...

—Y yo pensaba que habías dejado de hacerlo... Que ninguno de vosotros me necesitaba ya... —me responde ella—. ¿Cómo podría haberlo imaginado si, cada vez que trataba de acercarme a vosotros, os apartabais de mí?

Supongo que es el mecanismo habitual de la adolescencia: enfrentarte a tus padres en busca de una nueva identidad; pero en mis reproches algo ha cambiado. Mucho. Ahora soy padre. Ahora no me cuesta nada imaginarme dentro de unos años en el lugar de mi madre y a mi hijo recriminándome por situaciones que ni siquiera supe ver. Que él nunca me dijo. Y se me parte el alma.

—Y ¿cómo hubiéramos podido decirte nada? —le comento aún—. Te recuerdo triste. Siempre. Y yo no necesitaba más tristeza… ¿No podías hacer un esfuerzo por nosotros?

—Tomás —me dice con dulzura—, hay tristezas que uno no puede controlar…

Siento un escalofrío. Me reconozco en ella. ¿Cómo no he sabido ver en ella los abismos que sé que hay en mí? Buceo en mi interior, pero solo encuentro mi propio dolor de nuevo. Y ese maldito orgullo que dificulta la comunicación. Ninguno hablamos entonces. Nos limitamos a dejar que la vida nos pasara por encima, y a juzgar a los demás como responsables últimos de nuestra propia frustración. Mi madre y yo, los dos, cada uno por nuestro propio lado, fuimos asomándonos al borde de un pozo oscuro, densísimo, un abismo que daba un vértigo infinito, pero que a la vez resultaba extrañamente consolador.

—Lo sé —me atrevo a reconocerle—. He estado ahí. Y fue María quien me sacó de ese agujero. No sabes lo que se agradece que alguien pueda tirar de ti.

Mi madre asiente en silencio.

—Claro que lo sé —sonríe—. A mí me sacó Tomi…

Nos abrazamos. Noto las lágrimas temblándome en los ojos y la congoja aferrada en la garganta. Quizá es porque soy padre, pero es ahora cuando noto el dolor de mi madre, su lucha, su responsabilidad, su inevitable sensación de abandono al vernos volar solos… Estoy muy lejos aún de las preocupaciones de un padre de hijos adolescentes, pero la simple existencia de mi hijo me hace cobrar conciencia de lo egoísta que he sido. Y, a la vez, me permite darme cuenta de que, como en un bucle infinito, si Tomi no hubiera existido, quizá ella seguiría inmersa en ese abismo.

—Perdóname, mamá, por no haber sabido valorar vuestro esfuerzo… —comienzo a decirle, pero ella me manda callar.

—Perdóname tú a mí, Tomás. Por los silencios y los enfados. Por la rabia y las discusiones. Perdóname, porque a veces he dicho cosas de las que luego es imposible retractarse. Perdóname, porque nadie nos enseña a ser padres y quizá cometamos errores. Y gracias. Gracias a ti y a María por vuestra coherencia, comprensión y paciencia. Y por..., por las decisiones que habéis tomado y que nos han cambiado la vida a todos —me sonríe—. Para mejor.

De repente, todo se ilumina y cobra sentido, como cuando consigues ver una imagen proyectada en 3D.

Y ahí es cuando siento que he vuelto a una casa más cálida y confortable, porque es así como yo me siento. Una casa que, por fin, en medio de todo lo negativo, se ha convertido en un hogar.

La abrazo. Nos abrazamos. Reímos y lloramos juntos y el resto del tiempo, de los días, de las semanas, pasa fluido, alegre e informal con un toque festivo, como si nos hubiésemos reunido para un cumpleaños eterno, para charlar, jugar y rezar juntos. Para, en estos tiempos en los que el miedo a la muerte destilaba de cada conversación y de cada titular, seguir celebrando la magia de la vida.

Ahora sé que todo pasa necesariamente por algo. Y que nunca habríamos apreciado la luz si no hubiésemos transitado antes por la oscuridad.

4

—Papá, recuérdame quién es el señor de la foto…

Cuando está en casa de sus abuelos, a Tomi le encanta ver las fotos del álbum familiar y los retratos en las estanterías o en las paredes. En estos meses, todos hemos tenido mucho tiempo para explicarle quién es quién, pero siempre me pregunta de nuevo. Creo que le gusta oír unas explicaciones que entiende como cuentos. Le encanta ver fotos mías de pequeño, porque se sorprende de que yo haya sido niño alguna vez… y ¡tan parecido a él, además! Pero, sobre todo, le llama la atención la gente a la que ya no puede ver.

—Este señor es mi abuelo Tomás —le explico—. Yo llevo su nombre. Como tú…

—No, no es mi abuelo Tomás —me dice muy seguro, negando con la cabeza.

—No, es cierto. No es tu abuelo Tomás. Es «mi» abuelo Tomás —le recalco.

—Y ¿tu abuelo y mi abuelo no son el mismo? —me pregunta un poco confundido.

—Mi abuelo es el padre de tu abuelo. Igual que yo soy tu padre.

—Y ¿dónde está?

—En el cielo.

Me gusta que Tomi me pregunte y ayudarle a recordar. Que se interese por la familia de la que proviene. Que vea y reconozca como familiares los rostros de las personas que ya no están con nosotros, aunque de alguna manera sigan estando a nuestro lado. A veces, voy con él al cementerio, cercano a su colegio. Le digo que es una manera de hablar con mis abuelos, que están en el cielo. Él mira las lápidas muy serio y creo que imagina una especie de antenas gigantescas para comunicar con un lugar que, aunque es visible, sabe que está muy lejano.

—Y ¿tu abuelo también jugaba contigo como el mío?

—Hombre, claro —le respondo—, y me llevaba a pasear con él, cogido de la mano. Y ¿sabes qué?

—¿Qué? —me pregunta interesado.

—Que cuando iba con él por la calle me sentía importantísimo, porque todo el mundo se paraba a hablar con él y a saludarlo. Todo el mundo le sonreía. Yo me imaginaba que mi abuelo era alguien muy famoso que hacía feliz a la gente.

—¿Les hacía reír?

—No, no exactamente. Más bien era como un ángel de la guarda. Creo que a mi abuelo le gustaba cuidar de los demás.

Cierro los ojos y recuerdo el olor de las tardes de mi infancia, como si estuviera inmerso en ellas. Por San Isidro, el abuelo Tomás siempre tenía dos entradas para ir a los toros y los nietos hacíamos méritos para ser elegidos como acompañante. Me compraba una *baguette* enorme de jamón con tomate y una bolsa de pipas. Con las pipas empezaba nada más sentarme y, después del tercer toro, me comía el bocadillo acompañado de una bebida que me sabía a gloria. Era un protocolo inamovible. Y el mejor plan que un niño podía desear.

—¿Sabes cómo me llamaba mi abuelo? —le pregunto, recordándolo repentinamente.

—¿Tomi? —sugiere.

—No, me llamaba Tumbatoros.

—¿Tumbaste un toro alguna vez?

—No, pero imagino que él pensaba que era capaz de hacerlo —le sonrío.

Mis primos y yo siempre competíamos por agradar al abuelo y él nos miraba entre orgulloso y condescendiente. Le recuerdo los domingos en misa, observándome de reojo cuando juntaba mis manos para rezar. Era activo, conversador y bromista. Nunca parecía cansarse. Se levantaba supertemprano, se acercaba al campo a ver los caballos y luego se iba a la oficina. A veces, si éramos afortunados, nos llevaba con él. Yo lo veía tan elegante, tan ocurrente, con tanta chispa, que me parecía un privilegio estar a su lado. Mi mente apenas podía concebir las historias que mi padre me había contado de él: que se había quedado huérfano siendo muy niño, que tuvo una infancia muy difícil y trabajó muy duro; y que siempre fue muy avispado y con muchas ganas de tirar para adelante. Me encantaba aprender de él. Nunca se rendía. Yo no supe que estaba enfermo de cáncer de colon hasta tres meses antes de su muerte, cuando tuvo que estar en cama. Hasta entonces, creo que nunca lo había visto descansar. Murió en enero de 2009 con ochenta y seis años. Yo era muy pequeño, pero aún me acuerdo de la nevada que cayó ese día, y de que las calles estaban tan cubiertas que el coche fúnebre era incapaz de llegar. Pese a todo, no faltó nadie. Absolutamente nadie. Aunque había ostentado un cargo público, jamás tuvo una palabra negativa para un adversario político. Practicó siempre el debate y la moderación en un discurso muy alejado de la realidad política actual. Se midió con muchos, pero nunca se peleó con nadie. Fue respetuoso y aprendió a admirar a sus contendientes, hasta tal punto que, cuando murió, pese a haber sido alcalde en una época complicada, todos los partidos políticos acudieron a su entierro, y fue la formación más opuesta a sus ideas la que pidió para él un funeral institucional.

—¿Te pone triste acordarte de tu abuelo?

Le sonrío y le revuelvo el pelo. Tengo los ojos húmedos.

—No, Tomi, me pone triste darme cuenta de que no hay mucha gente como él.

Es verdad. En estos tiempos de polarización me emociona pensar que hay gente capaz de trascender a las ideologías; y, aún más, saber que mi abuelo ha sido uno de ellos. Quizá le deba a él mi manera de reaccionar ante las injusticias.

—¿Y la abuela del abuelo Tomás?

—¿Te refieres a su mujer, a mi abuela?

—Sí.

—Ella murió cuando supimos que tú venías al mundo, Tomi —le digo—. A veces pienso que te envió para que su marcha no se nos hiciera tan dura.

Tomi ha escuchado contar la historia más de una vez. Siempre finge que le sorprende. Yo no tengo que fingir que me emociono cuando la recuerdo.

—Y ¿cómo era?

—Era muy buena. Y muy guapa. ¿Sabes que era la camarera de la Virgen de la Paz? Ella era la persona que se encargaba de vestirla.

—¿De vestir a la Virgen? ¿De verdad? —pregunta con ojos iluminados.

—De verdad —sonrío con él—. Cuando yo era pequeño pensaba en la suerte que tenía, porque era como, si a través de mi abuela, yo pudiera tocar a la Virgen.

Es a mi abuela Victorina a quien debo mi devoción por la Virgen de la Paz. Ella le inculcó ese amor a mi padre, como yo ahora hago con mi hijo. Por eso la recuerdo como a alguien especial. Siempre valoré enormemente el saberme querido por ella, pero pese al amor que nos profesaba, a su bondad y a su energía, no recuerdo haberla visto feliz nunca. Parecía más introvertida que mi abuelo, o sencillamente le pesaba la vida, una vida dura, en la que, incluso, había tenido la desgracia de enterrar a dos hijos. Quizá imbuida en la idea de sacrificio, pensó que no se merecía la felicidad y lo aceptó con estoicismo. Pero jamás perdió la fe.

—Aunque no hayas llegado a conocerlos, tú eres también parte de ellos, Tomi —le explico—. Llevas dentro de ti su fuerza, su energía, su valentía…

Tomi asiente muy serio, como si tratara de asimilar mis palabras. Aún es muy pequeño, pero confío en que estos momentos preciosos se posen y permanezcan.

—Al igual que llevas dentro una parte de mis abuelos, Higinio y Feli, los papás de la abuela.

Sonríe feliz. A ellos sí los conoce y los recuerda. No muchos niños llegan a conocer a sus bisabuelos y me digo que ese es uno de los privilegios de haber sido un padre joven.

—¿Eran los papás de la abuela antes de que se casara con mi abuelo Tomás?

—Bueno, y lo siguen siendo todavía —sonrío ante su ocurrencia.

—¿Y cómo se conocieron la abuela y el abuelo?

—Pues verás, los papás de la abuela tenían un bar en un pueblo cerca de Madrid. Bar Rivas, se llamaba. Lo atendían entre los dos y como trabajaban muchísimo, desde las seis de la mañana a las doce de la noche, para que sus hijas pudieran estudiar y no tuvieran que estar todo el día en el bar, las enviaron a un internado de monjas, en Torrelaguna.

—¿Qué es un internado?

Sonrío. Tomi no lo sabe, pero yo, como muchos otros niños, he crecido bajo la amenaza del internado: «Si no te portas bien…». Era una frase recurrente. Y en el caso de mi madre, con conocimiento de causa.

—Es un colegio en el que vives. Comes allí, duermes allí…

—¿Como en Harry Potter?

—Pero sin magia… El caso es que, cuando fueron un poquito más mayores, mi tía y tu abuela iban todos los fines de semana a ayudar en el bar. Y ¿sabes lo que pasaba los fines de semana? Pues que había partidos de fútbol y los jugadores quedaban en el bar de mi abuelo, después del partido. Y uno de esos jugadores era tu abuelo Tomás.

—¿Y vio a la abuela y se casó con ella?

—Bueno, fue un poco más despacio —le explico—, pero tampoco mucho…

Desde que la vio, mi padre supo que se casaría con mi madre. Él tenía casi treinta años y ella, unos dieciocho. Estaba estudiando Diseño y Moda. A mi padre le pareció bellísima y, de hecho, lo era; tanto que acababa de iniciar su carrera como modelo. Me encanta esa parte de la historia, porque es como si todo estuviera conectado. Como si con mi actual faceta profesional, sin proponérmelo, hubiera seguido sus pasos.

—¿Y entonces se casó con ella?

Sonrío ante la impaciencia de Tomi y le sigo contando cómo ella se sintió halagada ante el interés de mi padre, y cómo él se empeñó en tratar de conquistarla como fuera. Se enteraba de dónde desfilaba y se presentaba allí, por sorpresa. ¡Incluso fue en Lanzarote a un desfile que ella hacía en los Jameos del Agua! Y al final, un día, en el mismo bar donde la había conocido, le pidió permiso a mi abuelo para casarse con ella.

—Y se casaron…

—Se casaron, sí. Y nacimos las tías y yo.

Ahora pienso que, como en un guiño del destino, mi madre inició su propia familia con la misma edad a la que yo inicié la mía y que tuvo a sus tres hijos exactamente a la misma edad que yo he tenido a los míos. Y pienso en esa infancia con mi madre tan joven, y mis abuelos tan presentes, y la recuerdo muy feliz.

—Y entonces todos los abuelos se conocieron…

—Exactamente.

Tomi está contento de que le encajen las piezas. Y yo. Aunque en sus inicios habían sido parecidas, las vidas de las dos familias eran muy distintas, cuando mis padres se conocieron. La familia de mi padre tenía una posición mucho más acomodada. De niño, no lo vivía exactamente así, no lo habría sabido explicar en estos términos, pero lo que sí notaba es que nos nutríamos de muchas realidades diferentes. En casa de mi abuela Victorina había dos chicas de servicio, y en casa de mi abuela Feli las cosas las hacíamos nosotros.

Cuando nos quedábamos con ella algún fin de semana, ponía el tocadiscos por la mañana con Juanito Valderrama o Marisol y nos levantábamos todos juntos para ventilar la casa y hacer las camas. ¡Y cómo se enfadaba si las hacíamos mal! Si estábamos nosotros, iba solo por la mañana al bar para que pasáramos la tarde juntos. Todos colaborábamos. Ayudábamos en la cocina del bar, batiendo los huevos para las tortillas hasta que se nos cansaba el brazo, o aliñábamos los boquerones en vinagre. Yo tengo adoración por mi abuela Feli. Recordarla es evocar el olor a humo y a tierra mojada del pueblo, las fuentes enormes de patatas fritas que nos preparaba, y los cocidos de los viernes al salir del colegio, cuando mi amigo Nico se venía a comer a casa, antes de irnos juntos a la academia de inglés. La recuerdo enseñándonos a rezar y arropándonos por las noches. Su presencia, cuando mis padres no estaban, era tan reconfortante que la nostalgia de mi madre se me mezcla con un amor puro por mi abuela.

Y recuerdo, con esa misma sensación de nostalgia, las banquetas verdes, el teléfono de disco, aquellos ratos ordenando las hileras de paquetes de tabaco con mi abuelo y las tardes de partida. Yo pasaba mucho tiempo observando a los señores que iban allí a jugar en las sobremesas. Me sentía cómodo. Creo que tengo una relación especial con la gente mayor, porque siempre me he criado entre ellos.

Ahora sé que he tenido la fortuna de crecer entre dos realidades, y espero tener la posibilidad de trasladárselo a mis hijos. Por eso les cuento que mi abuela Feli hacía teatro y trabajaba de limpiadora en una fábrica, antes de casarse; y las historias de mi abuelo Higinio, de los tiempos en los que fue pastor. He vivido entre dos mundos: entre los compañeros del colegio y los amigos del pueblo, haciendo cabañas o viviendo aventuras con la bici. Creo que gracias a eso he tenido una infancia más abierta, y he podido ver que en esa mezcla está la normalidad. Porque si hay algo que ambas familias tienen en común es la cultura del esfuerzo, la satisfacción del trabajo bien hecho. Mi madre siempre decía que mi abuelo no cerraba el bar ni para un funeral. Y así es en mi memoria. Solo se permitían dos semanas de vacaciones en verano para irse a descansar al balneario de Archena, y aún recuerdo cuando íbamos a la estación de tren a despedirlos…

Cuando mis abuelos se jubilaron y el bar cerró, fue como un final de etapa. La constatación de que hubo una época a la que ninguno volveríamos. El descubrimiento repentino de que mis abuelos, tan fuertes y vivaces, estaban ya mayores para trabajar…

Me da pena ver ese deterioro paulatino. Ahora le doy la mano a mi abuela y me entristece reconocerla viejita porque, efectivamente, eso me lleva a pensar en el fin de una etapa, pero me consuela saber que también estoy viviendo otras, y que he podido compartirlas con ellos. Como la paternidad.

Siento un orgullo infinito de formar parte de ellos; de sentirme una herramienta de los valores que he heredado; de saberme un recipiente y un bálsamo, tanto para sus alegrías como para sus tristezas; de entender cómo, a través de mí, sus raíces alimentarán a las ramas que son mis hijos; y de confiar en que lo seguirán haciendo con los hijos de mis hijos, cuando ninguno de nosotros estemos aquí ya.

Sé que quizá sepa quién soy, porque nunca he dejado de mirar hacia atrás. De volver a mis orígenes.

Sé que jamás renunciaré a una realidad que hizo de mí quien soy ahora, con mis fortalezas y mis debilidades, con la vocación de servicio de mis abuelos, con su capacidad para el trabajo, con el tesón de mi padre y la fascinación por la belleza de mi madre... Formo parte de todos ellos. De sus errores y de sus aciertos. Quizá me esfuerce por enmendar unos y reproducir otros, pero al final aprendo de todos ellos.

Y sé que cambiaría todo lo que tengo ahora mismo por que, en el futuro, alguno de los hijos de mis hijos les hable así a los suyos de mí.

5

Una carretera vacía como una línea recta a la felicidad. Una luz tan pura y afilada que tienes que cerrar los ojos para soportarla, lo que acentúa aún más la sensación de encontrarte en un sueño. Sobre la tierra negra de Lanzarote, los colores, tan vivos como nosotros, casi hacen daño a la vista. Hay una fuerza telúrica que palpita aún bajo la lava dormida y nos llena de una energía nueva. El viento en el pelo y el mar como horizonte nos transmiten esa recién conquistada sensación de libertad e independencia. La isla parece solo nuestra, y en ella, como si se hubiera amoldado a nuestros deseos, nos sentimos, de nuevo, más mayores y definitivamente felices.

Es septiembre de 2020. El peso de la pandemia aún mantiene los destinos paradisíacos cerrados al turismo, pero para nosotros este es un regalo largamente deseado y merecido. A apenas un año de nuestra boda, hemos sabido que María está embarazada de nuevo. Y nos hemos venido aquí a celebrar doblemente nuestro aniversario, mientras esta noticia es solo de los dos, porque sentimos emociones contradictorias: entre gritarlo a los cuatro vientos o saborearlo íntimamente, como nunca pudimos hacer con el primero.

Estábamos en casa de mis padres, de vacaciones, cuando el test de embarazo arrojó, por fin, el resultado positivo que tanto esperábamos. La alegría fue tremenda, tanto como si fuera la primera vez, porque en realidad era la primera vez que nos permitíamos disfrutar de ello sin miedo y sin culpa. Todo era distinto ahora. Éramos una familia, teníamos nuestro propio hogar. Recibíamos la noticia con una paz inmensa de espíritu, deseosos de compartirla con todo el mundo, pero también con una prevención nueva que no existía la primera vez. Con la certeza de lo que una responsabilidad de ese calibre significa, y con un miedo nuevo y distinto que no pudimos permitirnos sentir en la ocasión anterior. El miedo a que algo imprevisto suceda, a que el embarazo no llegue a buen término, a perderlo, a cualquier cosa que pueda romper esa ilusión nueva y pura tan frágil como una burbuja de jabón al simple roce con el aire. En el primer embarazo ni siquiera nos planteamos la necesidad de preservarlo; de algún modo delegamos todo el proceso en manos de Dios o del destino. En este, me doy cuenta de las diferencias y siento una sensación de ahogo. ¿Cómo pude pensar en posponer dar la noticia por si acaso el embarazo no llegaba a término? Por pura comparación, los sentimientos de culpa derivados de la vez anterior comienzan a atormentarme como no pudieron hacerlo en su momento. Quizá porque era una cuestión de mera supervivencia mental.

Lanzarote y la noticia del nuevo embarazo deberían haber sido una pista de despegue hacia la felicidad absoluta que me invade nada más aterrizar, al ponerme al volante de un vehículo para rodar por sus carreteras de ensueño. Quizá es la posibilidad de relajarnos, quizá solo la sensación de que la vida nos está tratando bien, de que alguien, desde algún lado, nos cuida. Por fin, en nuestras vidas todo funciona. Hay paz en torno a nosotros y a nuestros padres; estamos contentos y tranquilos; disfrutamos de nuestra independencia... Es como si todo se hubiese colocado por fin. Y, acostumbrado a emprender acciones que causan problemas o generan culpas, me encuentro con que, por primera vez en mucho tiempo, no tengo la presión de ninguna carga mental.

Pero es solo una ilusión. Un espejismo. A mi vuelta a Madrid me espera una nube negra, densa y plomiza que se instala de nuevo sobre mi cabeza. Me ha permitido unos días de descanso, el tiempo justo para asomarme a la felicidad, como el que se asoma a otra vida desde una ventana. El contraste es tan brutal que ese otoño todo empieza a parecerme frío, duro, irrespirable. Porque con la realidad vuelve la responsabilidad y con la responsabilidad regresa el miedo. El miedo constante. El miedo a todo. El miedo que ha acompañado toda nuestra aventura en común y que me ha perseguido toda mi vida.

Vuelve a nacer en mí la necesidad de comprender mis sentimientos. Y sé ya que probablemente necesite ayuda para deshacerme del miedo, porque lo empaña y lo emborrona todo. Mire donde mire, hacia el pasado o hacia el futuro, mi vida es un compendio de miedos. Miedo a hacer las cosas; miedo a no hacerlas; miedo a defraudar, miedo al futuro, miedo, en definitiva, al sufrimiento. Miedo a sentir miedo.

¿Cómo es posible? ¿Cómo la mente juega estas malas pasadas? Todo está bien, todo es magnífico, todo está en paz por fin; vuelvo de unas vacaciones de postal y tengo una familia maravillosa que empieza a crecer como hemos deseado siempre. ¿Qué es lo que temo ahora? Mi cerebro lo tiene muy claro y lo dibuja, ante mis aterrados ojos, a la perfección. Temo lo imprevisto, la cuchillada repentina, la sensación constante de que por muy bien que vayan las cosas algo terrible terminará por suceder. Porque es imposible. Porque soy indigno de esta felicidad. Porque de alguna manera siento que no la merezco. Porque cuando todo parece ir bien, mi cabeza me juega la mala pasada de evocar lo que está mal: lo que no he hecho, lo que ya no puede hacerse, el tiempo que no he pasado con mi madre, estando todos bien; el tiempo que no he pasado con mis amigos; el río que fluye hacia el mar y nunca se puede remontar en dirección contraria.

Siento algo difícil de explicar, una nostalgia de cosas que jamás sucedieron, un anhelo imposible. Y, de repente, es como si afloraran mis demonios interiores. Puedo estar aparentemente bien con la gente, pero las heridas están ahí, palpitando debajo de una máscara. El presente empieza a despertar al pasado; los miedos de etapas anteriores vuelven y, con ellos, los complejos, las heridas sufridas desde niño, las situaciones que me hicieron daño en el colegio… Y todas ellas, absolutamente todas, se alzan como en un remolino incontrolable y comienzan a llamar a mi puerta.

Justo cuando pensaba que todo iba mejor.

No me apago. No me rindo. Busco ayuda psicológica. Me había ido muy bien en mi crisis anterior, me había aportado la seguridad de poder poner nombre a mi sufrimiento, pero en esta ocasión no funciona. No solo no me alivia poner nombre al dolor y al miedo que me cercenan desde dentro, sino que me duele hacerlo; me revuelve remover ese dolor que permanecía aletargado y en silencio; me hiere sacarlo a la luz, pero, sobre todo, me duele, me desespera, me violenta que alguien lo escuche.

Y es entonces cuando se me agotan todos los senderos y se me enciende una luz, como un faro.

Alguien me dijo hace mucho tiempo una frase que me había impactado: «Si quieres hacer reír a Dios, cuéntale tus planes». Y en ese momento de desesperación, pienso: «¿Por qué no? ¿Por qué no, si nada más funciona?». Yo sentía un anhelo enorme de Dios también. Me había acercado mucho a Él durante la pandemia, al igual que me había acercado a mi familia, y necesitaba de algún modo sentir su presencia constante, exactamente igual que los enamorados necesitan tener la certeza de que el otro está ahí. Anhelaba sentirle cerca con un dolor físico; anhelaba su mano en mi hombro y su infinita capacidad para el perdón. Porque yo no era capaz de perdonar ni de sentirme perdonado. En mi interior, la necesidad inmensa de amor chocaba con los fantasmas del pasado, que hacían aflorar cenagales de odio en una batalla constante y cuyo resultado era difícil de prever.

«Quizá es que tiene que ser así», me atrevo a pensar. Tal vez tenga que enfrentarme al pasado y al odio, porque nadie puede estar bien en su presente si su yo del pasado conserva heridas sin sanar. A veces no entendemos las cosas que nos duelen de niños, hasta que muchos años después, ya de adultos, somos capaces de acariciar las cicatrices que nos dejaron. Quizá de pequeño no las percibieras, pero ahora, al rebuscar en tu interior empiezan a despertar y a hacerte daño.

Y es entonces cuando pienso en contarle todo a Dios. ¿De verdad es amor? ¿De verdad puede escucharme? Empieza casi como un reto conmigo mismo, como un desafío, no sé si para mí o para Él. Decido buscar un momento para hablar con Él a solas todos los días, como en una catarsis. Inicio sin pensarlo, una rutina. Dejo a Tomi en el cole, entro en la iglesia que me cae de paso y me quedo allí unos diez minutos. En vez de una oración al uso inicio una conversación con Dios. No es un monólogo, porque de alguna manera me siento escuchado, como si alguien estuviese meditando las respuestas que necesito oír. Y así, día tras día, comienzo a sentir cierto alivio. El peso que me ahoga se hace más liviano y noto como si mi mochila interior se fuese vaciando poco a poco.

La rutina imprevista se convierte en una necesidad de desahogo hasta tal punto que no puedo dejarlo pasar. No puedo comenzar el día sin esa confesión privada de tú a tú, de la que salgo reconfortado y ligero. Y un día, sin saber muy bien por qué, decido dar un paso más.

Cada vez que entro en la iglesia, veo a un sacerdote sentado en uno de los bancos. Le conozco de toda la vida, pero nunca he tenido especial relación con él. De hecho, incluso me ha parecido poco cercano. Un día, de repente, para impulsarme a vencer mis prejuicios o quizá guiado por alguna inspiración, decido acercarme a él.

—Padre, ¿podría hablar con usted un momento? —le pregunto.

Él levanta la vista de su libro y me sonríe. Su sonrisa es tan sincera que tengo la sensación de que me estaba esperando.

—Por supuesto. Vamos.

Lo que iba a ser un momento se convierte en dos horas. Y lo que era tan solo un impulso inexplicable se transforma en una conversación. No me acuerdo de si soy yo el único que hablo. Lo que recuerdo perfectamente es el llanto, el llanto literal que me abre en canal, y que me arrasa por dentro, limpiándome. Y, sobre todo, una sensación: la certeza de que dentro de mí han colocado un cubo de basura para que yo vomite dentro de él. Y eso hago durante esas dos horas: vomitar, vomitar, vomitar y llorar como un niño pequeño.

Sale todo. Mis miedos de niño. Mis fantasmas. Los desplantes que viví en el colegio y las inseguridades que me crearon. La sensación de no tener un apoyo para contrarrestarlo en casa. Mi sensación permanente de falta de amor, de abandono. El miedo al dolor. La normalización del sufrimiento. Las barreras que me pesan y me limitan. Mi constante necesidad de aprobación desde que me levanto hasta que me acuesto, preguntándome cuál será la respuesta a cada una de las acciones que emprendo. La necesidad de estar siempre a la altura de las expectativas. La autoexigencia, que es la peor de las críticas. La ansiedad de saberme juzgado. El miedo a que hagan de mí un monstruo; de que me conviertan en algo que no soy. La seguridad de saberme absolutamente indigno de lo que tengo. La sensación de que lo que construyo son castillos en el barro. El miedo constante a ilusionarme con algo que pueda ser barrido por una catástrofe... Todo ello, todo junto, sumado, va condicionando mi vida. Y cada día pierdo un poquito más de libertad. De la mía. Porque dentro de mi búsqueda de la perfección, de mi afán por transmitir amor, mi objetivo es multiplicar la felicidad de los que me rodean. Mi estado de ánimo no puede hacer mella en mi entorno. Mi dolor no puede traer dolor a nadie más. Por eso, mientras yo me deshago buscando la forma de garantizar la felicidad de los demás, mi miedo me va devorando por dentro, machacándome cada vez más, haciéndome sentir cada vez más pequeño y aislado. Porque es algo tan íntimo y tóxico que no deseo que nadie más sepa de su existencia.

No puedo decir si es el sacerdote quien me reconforta, porque tampoco le otorgo el turno de réplica, pero sé que me siento escuchado. Es más, tengo la sensación de que jamás me he sentido escuchado de esa manera, de que mis palabras no están cayendo en saco roto, sino que están siendo acogidas por algo o alguien. Y cuando por fin termino de hablar y de llorar, el sacerdote, muy tranquilo, sonriendo casi, me pone la mano sobre el pecho:

—Hoy por fin —me dice—, después de mucho tiempo, tu corazón ha empezado a sanar. Dios necesitaba escuchar cuál era todo tu dolor, necesitaba que saliese de ti y que lo hiciera con tus propias palabras.

Siento una paz etérea y efímera aletear sobre mi corazón. Siento que peso menos, que mi carga ha disminuido. Y, por fin, me embarga la seguridad de que he iniciado el verdadero camino.

6

Es una tarde cualquiera de ese mes de otoño cuando, fiel a mi nuevo hábito de encontrar cada día un momento para conversar con Dios, entro en la iglesia. Se celebra una Hora Santa y yo necesito un poco de ese recogimiento y de esa sensación de intimidad. Cierro los ojos y percibo la luz que traspasa la vidriera, y cae cálidamente sobre mis párpados. El atardecer reviste el interior de una penumbra acogedora y yo me siento de inmediato bienvenido.

Al finalizar, un grupo de jóvenes se queda conversando. A algunos los conozco, aunque solo sea de vista; a otros es la primera vez que los veo. No sé muy bien por qué me acerco a ellos. Están haciendo un ejercicio curioso, que me llama la atención; tratan, por turnos, de buscar un par de adjetivos positivos que describan al otro. No descriptivos, eso sería fácil y superficial. Requiere un poco más de concentración, algo de química quizá. Me animo a participar, aunque la mayoría no nos conocemos y no podemos saber realmente cómo es el otro. Pienso que lo realmente meritorio es detenerse un momento, cada uno en nuestras ajetreadas vidas, para mirar a los ojos a otra persona y tratar de saber cómo es por dentro.

Quizá, me digo, lo que seamos capaces de expresar hable más de nosotros, de nuestra capacidad de percepción, que de la persona que tenemos enfrente.

Me siento ligeramente en desventaja. Empiezo a ser un personaje público y quizá en ese entorno haya alguien que me conozca o crea conocerme por lo que se ve de mí. No me gusta ese juicio superficial, pero hoy estoy dispuesto a asumirlo, a escuchar qué es lo que transmito. O qué es lo que en mí ven los demás. En esa batalla recién declarada contra mis miedos, me siento preparado para escucharlo; o más preparado que otras veces, al menos.

Creo.

Posamos nuestras palmas sobre las palmas de las manos de la persona que tenemos enfrente y siento que solo ese roce con alguien desconocido, después de los largos meses de aislamiento, me llena de una confianza nueva, como en una comunión natural. Miro a los ojos a la chica que tengo frente a mí; una chica a la que apenas he visto un par de veces en la parroquia y con la que nunca he intercambiado ni una sola palabra. Ella mira dentro de mí también, sonríe nerviosamente, y entonces pronuncia la última palabra que habría esperado oír.

—Perdóname...

Su voz tiene un eco extraño en mis oídos. ¿Me ha pedido perdón? ¿No se trataba de buscar dos adjetivos que hablaran de mí? Estoy tentado de volverme hacia atrás por si se dirige a alguna otra persona, pero me mira con confianza y parece muy segura de sí misma.

—¿Qué has dicho? —le pregunto, por si no lo he entendido bien.

—Te he pedido perdón —repite.

—Pero perdón ¿por qué?

Buceo en mi interior por si hubiera sucedido algo que no recuerdo, pero no la conozco. No soy consciente de que me haya hecho nada. ¿Por qué tendría que perdonarla si no me ha hecho ningún daño?

—Perdón porque te he juzgado —me dice con una sinceridad que le rebosa de los ojos—. Te veo habitualmente en las redes y, a través de esa imagen, te he prejuzgado, te he criticado y he hablado mal de ti. Ahora me doy cuenta de que, en realidad, no te conozco y no estoy legitimada para juzgarte. Por eso, quiero pedirte perdón.

Me sorprende su valentía. Por decírmelo a la cara y exponerse ante todos los demás... Su confesión, si podemos llamarla así, me deja sin palabras. Sin aliento. Miro a mi alrededor casi avergonzado, porque era algo que no esperaba en absoluto; quizá ni ella lo esperaba hasta verse frente a mí.

—No hace falta que me pidas perdón —le sonrío.

—A mí sí me hace falta —me dice—. Necesitaba hacerlo.

Me doy cuenta de que le he mentido sin querer. De que sí me hacía falta. De que yo también lo necesitaba. Es más, de que no me había dado cuenta de cuánto lo necesitaba hasta este momento.

Ella no tiene manera de saberlo, pero, en ese instante, su perdón me salva del abismo; su perdón me vale por cien, por mil, por cien mil perdones.

Su perdón se transforma instantáneamente en un símbolo. En representante de la solicitud de perdón de todas las personas por las que me siento juzgado diariamente, y que quizá cambiarían de opinión si me conocieran de verdad.

Su perdón se convierte en el perdón que yo jamás he pedido cuando me he arriesgado, también, a juzgar a alguien.

—Pues... te perdono —le sonrió desbordado de emociones.

—Pues… —me sonríe ella, a su vez, con un alivio idéntico al mío— gracias.

Me percato de que mi perdón también le sirve a ella. Le sirve «sobre todo» a ella para liberarse del peso que supone el rencor. ¿Por qué nos enquistamos en no perdonar las presuntas afrentas, cuando ese odio no nos hace sufrir más que a nosotros mismos? ¿Por qué no liberarnos de nuestra parte más oscura?

«Perdóname». «Te perdono». «Gracias». Nunca me había detenido a pensar en la contundencia de estas palabras; en la fortaleza que emanan, en su capacidad para cambiar las cosas.

¿Por qué nos cuesta tanto entonarlas si son frases tan cortas, tan sencillas?

«Quizá porque hace falta ser verdaderamente valiente para reconocer el momento», me digo. Porque hace falta despojarse del orgullo y enfrentarse con todo lo malo, lo mezquino y lo ínfimo que habita en uno mismo.

Me recuerdo de niño, con unos doce años. Mi abuelo se moría y todos, incluido él, lo sabíamos. Yo vivía el momento con la certeza de que uno de mis principales soportes se me escapaba. Estábamos todos en su casa. Era la manera que teníamos de arroparle, de hacerle saber que lo queríamos. De alguna manera, pese a que lo adoraba, sentía que nuestra presencia era suficiente.

Hasta aquella pregunta.

—Tomás, ¿le has dicho al abuelo que lo quieres?

La interrogación de mi tía me sorprendió. Faltaba poco para el final. Debí de mirarla con la cara de espanto con la que cualquier niño de esa edad miraría a un familiar adulto que le hiciera esa misma pregunta. En el colegio habíamos empezado ya a enviarnos notitas. Los «te quiero» se utilizaban para otras cosas y con otras personas.

—Pues no —reconocí—. No se lo he dicho…

—¿Y por qué no? —me preguntó sorprendida.

—Pues no sé —me encogí de hombros—. Porque él ya lo sabe.

—¿Y cómo sabes que lo sabe?

—Pues porque es mi abuelo —insistí—. Se da por hecho. No hace falta.

—Pues yo creo que sí hace falta —me advirtió mi tía muy seria—, y deberías aprovechar para decírselo.

—Es que… —reconocí enfurruñado— me da vergüenza.

Me daba vergüenza. ¿Era eso? ¿Solo eso? ¿De verdad me daba vergüenza decirle a mi abuelo que lo quería, pero no me la daba decirle cosas más vacías a otras personas que me importaban menos? Hasta yo mismo me di cuenta de lo patético que debía de sonar. Creo que esa fue la primera vez que entendí que había que ser muy valiente para decir algo bonito. Y que era muy triste tener que cruzar tantas barreras mentales para decir «te quiero» a alguien que de verdad te importa.

Imagino que siempre hemos asociado la expresión de las emociones con la debilidad, la fragilidad, o incluso con la inestabilidad mental. Imagino que durante decenas de generaciones anteriores el ser humano se ha visto en situaciones en las que tuvo que disimular su vulnerabilidad en pro de la supervivencia, pero esos códigos ya no deberían ser los nuestros.

Ese día, al final, yo le dije a mi abuelo que lo quería, mi abuelo sonrió feliz y mi tía agradeció que hubiera seguido su consejo. Pero de los tres quien más ganó fui yo. Yo aprendí una lección, una de las claves más difíciles del camino del amor: saber decir «te quiero».

Mucho tiempo después, una tarde de otoño, en una iglesia de un pueblo de Madrid, una chica llamada Patricia, que hoy se encuentra entre mi grupo de amigos, me enseñó otro de sus caminos: el del perdón.

Aquel perdón no se quedó en la mera satisfacción puntual, en esa cálida sensación de paz interior. Ni en la suya, ni mucho menos en la mía. Para mí, supuso un nuevo cambio de rumbo, una evolución a mejor. Su perdón despertó en mí una forma nueva de relacionarme conmigo mismo y con los demás. Me confirmó que perdonar era una de las formas de las que revestimos al amor. Son sinónimos. Si perdonas, pero no olvidas, si no amas en el perdón, es que no estás perdonando realmente.

Pero, sobre todo, me hizo plantearme la gran pregunta: «¿Estaba yo en paz con todas las personas que, en mi corazón, formaban parte de mi vida?». Me gustaba pensar que, en mi nuevo camino, estaba dispuesto a amar incluso a las personas que no me amaban. Pero eso era imposible: para eso hacía falta perdonar.

«¿Y yo? ¿Había yo perdonado?».

7

No, no he perdonado.

Me cuesta reconocerlo, como si mentirme fuese una posibilidad. Y cuando me miro desde fuera, yo mismo me contemplo con aire de reproche.

«Atrévete a decir que has hecho todo lo que has podido», me reta una parte de mí.

«Es que he hecho todo lo que he podido», trato de engañarme nuevamente a mí mismo.

Cuando cierro los ojos, desde la tarde en que Patricia me pidió perdón, el recuerdo de Nico me ataca con tal fuerza que a veces hasta creo escuchar su voz y su risa. Ha estado tanto tiempo inmerso en mi vida que lo difícil es seguir sin él.

Aún me duele saber que no está en ella y lo siento como una presencia fantasma, como un miembro amputado.

Nico es mi amigo Diego en nuestro libro, *Botas de colores para días de lluvia*. Íbamos juntos al colegio, pero desde que empezó mi relación con María, las circunstancias nos fueron distanciando. Las palabras dichas son como las piedras arrojadas: hacen daño y no tienen vuelta atrás. Yo le echo de menos con cierta suficiencia y, de alguna manera, justifico nuestra distancia, porque me siento herido. Me han pasado tantas cosas importantes en las que él ya no ha estado que, aunque creí haberle perdonado, no lo he hecho.

Cada vez que lo pienso, no puedo creer que se haya perdido tantos momentos importantes de mi vida: mi boda, el nacimiento de Tomi; y que ahora vaya a perderse el embarazo y el nacimiento de mi segundo hijo... Íbamos a ser amigos para el resto de nuestras vidas. Seríamos tíos para los hijos del otro y nuestros niños jugarían juntos. ¿No era así como lo habíamos planeado?

Pienso en unos niños de seis o siete años, la edad de mi hijo, y nos veo nuevamente a los dos, alegres y decididos, comiéndonos la vida cada viernes por la tarde, cuando mi madre nos recogía del colegio y nos llevaba a disfrutar del mejor cocido del mundo, el de mi abuela Feli, antes de irnos juntos a la academia de inglés. Nico no solo era parte de mi vida, sino de la de los míos. Mis abuelos lo eran de los dos; su madre era una tía para mí... Al distanciarnos también perdimos a esa otra familia con la que habíamos crecido. Y, al menos yo, la echaba de menos.

Fuimos inseparables. Crecimos. El grupo creció con nosotros, pero entre los dos había una conexión diferente a la de los demás. Y lo sabíamos. Precisamente por eso me cuesta resignarme a que todo haya acabado, a no importarnos. Su olvido me duele de una manera que no soy capaz de sanar. Y mi orgullo sale a flote en un mecanismo de autodefensa, porque, al no poder reparar la herida, lo mejor es taparla.

«Si le importara, vendría a disculparse...», dice mi lado más dolido.

«Tampoco lo haces tú», me recuerda mi parte más conciliadora.

Llevamos un año y medio sin hablarnos, pero después de aquella experiencia vivificadora, del perdón de Patricia, esa idea, la del perdón, comienza a filtrarse en mí. Voy a tener mi segundo hijo y Nico no sabe nada de ello. ¡Me da tanta pena haber sembrado raíces de las que no veo el fruto! ¡Que ni él ni su familia estén en este momento de mi vida! ¡Que una persona que ha sido tan importante para mí se convierta en un absoluto desconocido para mis hijos!

A mi mente regresa, de forma recurrente, el Nico de siempre, las vivencias juntos, los recuerdos positivos; la tarde en que mi abuelo Higinio, abonado de la Feria de San Isidro, nos envió a la Plaza a vender de nuevo las entradas de un cartel que se había caído. Era la misma plaza la que las recompraba; nosotros las devolvíamos y podíamos quedarnos el dinero. Recuerdo la ilusión de ese día, lo mayores que nos sentíamos ya y el susto y el desconcierto posteriores.

«¿A qué precio las vendéis?», nos preguntó un señor. «Al precio que valen, que es lo que nos ha dicho mi abuelo», le respondimos. Entonces el señor nos mostró una placa de policía y nos dijo: «Venid conmigo». Nos sentaron en un furgón, nos preguntaron de dónde las habíamos sacado y qué pretendíamos hacer con ellas. Cuando les respondimos, quedó claro que no éramos reventas y nos soltaron algo confusos. Aún recuerdo perfectamente el mal rato que pasamos, el miedo y la sensación de que podíamos haber fallado a mi abuelo.

Durante mucho tiempo nuestras familias se han reído con esta anécdota; ahora, el simple hecho de evocarla me hace daño. ¿Por qué nos estamos empeñando en sufrir tanto? ¿Por qué sigo obcecado en sacar a Nico de mi vida?

¿Por qué si, en realidad, nunca ha salido de ella?

De repente, el deseo se convierte en necesidad. Estoy rezando en una iglesia del centro de Madrid cuando me asalta, de golpe, como una inundación. Todo a mi alrededor palpita un amor puro y limpio. Todo a mi alrededor me grita: «Hazlo, busca a Nico, perdónalo». Pero no me atrevo. Algo me paraliza. No quiero sufrir de nuevo. Necesito que alguien me oriente y decido confesarme.

—No esperes su perdón —me susurra el sacerdote, tras escuchar mi historia—. Dale el tuyo.

—Y ¿por qué no lo hace él? —pregunto aún dolido, como un niño enfurruñado.

—No le culpes. No le juzgues —me pide—. Quizá también él tiene miedo al rechazo. Quizá tampoco él se atreve a acercarse. No le obligues a pedirte perdón; ofrécele tú el tuyo.

—Es que no puedo evitar pensar que la culpa fue suya.

—Seguramente, él pensará lo mismo. Sé generoso. Asume tú las culpas de los dos. Y pregúntate una cosa: ¿Lo quieres?.

«¿Lo quieres?». Otra vez esa pregunta tan incómoda, ese sentimiento que tanto nos cuesta identificar y reconocer.

—Sí —reconozco—. Sí que lo quiero.

—Tú mismo tienes la respuesta —me sonríe abiertamente—. Si quieres a alguien, ya estás perdonando. Estás intentando ver con odio un sentimiento de amor.

—Pero es que no quiero volver a tropezar cien veces con la misma piedra…

—Pues no la dejes ahí —me advierte él con gravedad—. Ponla en el sitio en el que tiene que estar. Así no volverás a tropezar con ella.

Salgo de la iglesia. Son las diez y media de la noche. Seguimos confinados y el toque de queda marca que a las once hay que estar en casa. Conduzco hasta la mía en silencio, perdido en mis pensamientos, con las emociones en carne viva. No quiero dejar pasar más tiempo, ni reposarlo, ni racionalizarlo... Mi teléfono suena en ese instante y su tono me sobresalta. Es María.

—Tomás, ¿dónde estás? Son las once la noche...

—En la puerta de casa, metido en el coche: iba a subir, pero tengo un dilema...

—¿Qué ha pasado?

—No sabría decírtelo con exactitud. He estado pensando mucho. Siento que tengo que perdonar a Nico. Que tengo que tomar la iniciativa. Que tengo que llamarle y que tengo que hacerlo hoy.

Tampoco parece sorprenderse demasiado.

—¿Precisamente hoy? ¿Ahora? —me pregunta.

—Sí.

—Pues si lo sientes, hazlo —me dice.

La sencillez de su argumento me convence. No puedo ponerme más excusas a mí mismo. Contengo el aliento y busco el número de teléfono de Nico. Espero con el alma en la garganta. Ni siquiera sé si querrá coger mi llamada.

Pero lo hace.

—Nico, ¿cómo estás? —pregunto. Y agradezco que el teléfono no transmita el sudor de la piel ni el temblor de mis manos

—Bien —admite con suavidad—, sorprendido por tu llamada —reconoce.

—¿Estás en casa? —le pregunto.

—No, estoy llegando.

—Voy para allá. Te espero en la puerta.

Veo su coche aparcado en cuanto llego. Se baja para montarse en el mío y ni siquiera intercambiamos una palabra. Nos damos un abrazo enorme. Lo miro. Tiene una sonrisa incrédula bailándole en los ojos y sé que los míos brillan.

—Te sorprenderá verme después de tanto tiempo… —intento comenzar.

—No tanto —me ataja—; te he visto hace un rato.

—¿Dónde? —pregunto extrañado.

—En la parroquia del Pilar. Vengo de allí, de la Hora Santa.

Noto que la piel se me eriza y miro en todas direcciones, como si hubiera alguien más, junto a nosotros, en el coche.

—¿Me has visto allí?

—Sí.

—Yo no te he visto —reconozco.

—Ya —admite—. Parecías muy concentrado.

—Lo estaba.

¿Lo había visto desde algún lugar a donde no llegaran mis sentidos terrenales y eso me había instado a arreglar las cosas con él?

—Vaya casualidad, ¿no? —sonrío.

—¿Eso crees? ¿Que ha sido una casualidad?

—No —confieso—. No lo creo. En absoluto.

Y entonces le suelto todo lo que llevo dentro. Lo que me ahoga. Lo que me pesa. Que necesito ofrecerle mi perdón. Que lo hago porque lo quiero. Que necesito seguir viéndolo. Que no quiero expulsarlo de mi vida.

Él me escucha. Y yo, que he empezado nervioso, me siento cada vez más tranquilo. Como si estuviera liberándome de algo.

—Perdonarte a ti es perdonarme a mí mismo —le digo—. Perdonarme por apartarte de mi vida. Quiero hacer un punto y aparte. Quiero empezar de nuevo. Siento que no puedes no estar en mi vida. No puedes verla pasar. Tienes que estar dentro, viviéndola conmigo…

Asiente visiblemente emocionado.

—¿Y tú crees que las cosas podrán volver a ser como antes? —me pregunta, con el mismo temor que yo siento.

—No lo sé —respondo con sinceridad—. Quizá no. Quizá no tengamos el mismo sitio de antes, pero sí que tendremos un hueco juntos.

—Quizá no el mismo sitio, pero sí un sitio —enuncia con voz pausada. Y asiente en un suspiro—. Me vale.

«Pon la piedra en su sitio», me susurra la voz del sacerdote en la cabeza. ¿O no es la suya?

Nos abrazamos de nuevo. Un abrazo cálido, prolongado. Un abrazo de reencuentro.

«Los amigos son como los eslabones de una misma cadena: se rozan por el mismo lado por el que se abrazan», leí una vez.

¿Cómo era posible coincidir en el mismo momento, en el mismo lugar? ¿Cómo era posible que aquel sentimiento de perdón se me hubiera metido en el alma precisamente esa noche, como si todos los poros de mi cuerpo supieran que él estaba allí, a apenas unos metros de mí, entre centenares de personas, como si todo yo sufriera por su ausencia? Nico me cuenta que apenas unos meses atrás ha hecho el mismo retiro que hice yo antes de mi boda. Quizá por ese trabajo interior también él está ahora en disposición de abrazar el perdón. Y pienso que la vida se ha organizado para llevarnos a los dos hasta este momento.

Son las doce y media de la noche cuando nos despedimos con los ojos rojos, el pulso acelerado y el mismo subidón que si viniéramos de una fiesta. No me atrevo a decírselo, pero tengo la sensación de que, en algún lugar de esa iglesia, esta noche, Dios nos ha hablado al oído.

Cuando encaro de nuevo la carretera hacia mi casa, encuentro un control policial. Están parando a los vehículos que no han respetado el toque de queda, inquiriendo los motivos que los llevan a estar fuera de casa. Casi deseo que me lo pregunten, para hablarles de aquel pequeño milagro, pero no hace falta: soy el único al que dejan pasar.

Solo eres de verdad invencible cuando dejas que las cosas sucedan como te pide el alma.

Despierto a María y se lo cuento todo, hasta el más mínimo detalle. No quiero que, al día siguiente, la razón me convenza de que las cosas han sucedido de otro modo.

Y creo que es ahí, en ese instante, cuando tengo la absoluta seguridad de que la vida es demasiado corta para empeñarnos en no perdonar.

8

Falta apenas un mes para el nacimiento de nuestra hija y siento que vivimos en una sobredosis constante de emociones. Me muevo entre el miedo y la ilusión; entre la sensación de reencontrarme y la de reconocerme a mí mismo; entre una nostalgia tibia del pasado y la alegría de recuperar algunos de esos capítulos que creía perdidos.

Aún no soy del todo consciente de que todo tenía que confabularse de esta forma para poder llegar hasta aquí. De que todos y cada uno de los pasos que he dado, en el orden en que lo he hecho, eran imprescindibles para traerme hasta un lugar, pero no un lugar físico, sino uno mental.

El lugar desde el que acercarme verdaderamente a Dios.

El primero que me sugiere asistir a lo que se conoce como Retiros de Alabanza es un buen amigo mío, un sacerdote que me conoce muy bien. Él piensa no solo que me gustarán, sino que, dado el momento por el que estoy pasando, me podrían ayudar. Yo ya he oído hablar de ellos, pero lo que me cuentan despierta mi curiosidad y mi reticencia a partes iguales. Las experiencias que se viven durante el retiro parecen tan intensas que no sé si estoy emocionalmente preparado.

—No, no. No tengo intención de ir —le advierto—. No estoy seguro de que pueda aportarme nada. Ni creo que sea mi momento.

—¿Qué pasa? ¿Tienes miedo? —me pregunta con ironía.

—Un poco. Pero no tanto por lo que pueda encontrarme, sino por la parte de mí mismo que pueda revelarse allí. No creo que me apetezca enfrentarme con ella.

—Pues tendrías que hacerlo. Te mereces conocerte a ti mismo.

—Cuando esté preparado —le rebato.

—Nadie está preparado espontáneamente para nada. Tienes que prepararte a propósito. Para todo. Para estudiar una carrera, para casarte, para ser padre…

—Bueno —insisto—, pues lo haré cuando me haya preparado.

Él mueve la cabeza negativamente, como si de algún modo mi respuesta le hubiera decepcionado.

—Qué egoísta eres contigo mismo, Tomás. Piensas siempre en los demás antes que en ti. No quieres regalarte ni el conocimiento de ti mismo.

Aquello me hace daño. Quizá porque tiene una parte importante de verdad. Y salto, casi sin pensar, antes de darme cuenta de que probablemente eso sea lo que él busca.

—Pues ¿sabe lo que le digo? Que sí que voy a ir. Voy con mi mujer. Y nos llevaremos a unas amigas. Claro que vamos a ir. Apúntenos.

El sacerdote ríe por lo bajini y asiente muy despacio. Tengo la sensación de que me ha llevado a propósito al sitio donde quería tenerme desde el primer momento.

Pero ahora ya no hay marcha atrás.

Aquella misma noche se lo cuento a María. Ella también ha oído hablar de los retiros. Los llaman Seminarios de Vida en el Espíritu. Lo que nos resultaba más chocante y atractivo a la vez era que los diferentes testimonios que habíamos escuchado coincidían en que, cuando los terminabas, al final de la convivencia podías llamar a Dios, para que te ayudara, si lo necesitabas. Y que Él acudía a ti.

Los testimonios nos merecen bastante fiabilidad. No hay prácticas ni rituales extraños, ni mucho menos sustancias sospechosas de por medio, pero ¿hasta qué punto algo así puede ser verdad? ¿Dios? ¿Manifestarse? ¿En una parroquia madrileña en mitad del siglo XXI?

Por una parte, debo reconocer que la mera posibilidad de vivir algo tan especial me llama la atención. Por otra, el pavor y el escepticismo me disuaden de intentarlo. Pero ya me he comprometido. Eso sí, María me deja muy claro que me he comprometido yo solo.

—¿Estás loco? —me dice—. ¿Por qué me apuntas a mí? Yo no voy a ir. Estoy embarazada de ocho meses. Yo ya tengo ilusiones y cambios suficientes en mi vida.

—Pero ¿no te llama la atención? ¿No tienes curiosidad por saber qué pasará?

—Es que no necesito que pase nada, Tomás…

—María —le insisto—, es una experiencia de búsqueda y conocimiento. Bastante auténtica por lo que parece. Llevamos toda la vida creyendo en el Dios que nos han contado. Es el momento de cuestionarnos quién es el Dios en el que creemos. ¿Existe verdaderamente?

—Sí —me contesta con rotundidad—. Y no necesito verlo. Vete tú solo si tienes dudas —protesta.

—No, Mery —argumento—, estamos casados. Somos uno, por fin. Nos ha costado mucho llegar hasta aquí como para movernos en solitario. Donde tú vayas, yo voy; donde yo vaya, tú te vienes.

María acepta un poco a regañadientes, aunque en honor a la verdad tampoco yo estoy plenamente convencido. Necesitamos estabilidad, no más incertidumbre, y el hecho de no saber muy bien lo que vamos a encontrarnos nos perturba, aunque tampoco somos capaces de verbalizarlo. Al menos, hasta la noche anterior a eso de las doce. Nerviosos e incapaces de conciliar el sueño, optamos por llamar a una de las amigas que yo había querido que nos acompañara: Leti.

—¿Leti? Perdona la hora —me disculpo—, igual no vamos mañana al final. No estamos nada seguros. Estamos los dos aquí, nerviosísimos.

—Pero ¿por qué? —Su voz suena sonriente y confiada al otro lado—. Tomás, ¿de qué tienes miedo? ¿No te das cuenta de que, viniendo de Dios, no puede ser nada malo?

Me aferro a esa frase, a su convencimiento. A la sensación de que me encuentre con lo que me encuentre, como quiera que esa experiencia modifique mi percepción de Dios, será la consecuencia de algo que he deseado hacer, de una búsqueda. Quiero quedarme con la sensación de que, si existen otras maneras de relacionarme con Él, al menos las habré explorado.

Cuando llegamos, a la mañana siguiente, la primera impresión que recibo me golpea directamente al corazón. Sin palabras huecas ni presentaciones. Noto los ritmos que me hacen vibrar desde dentro antes de escucharlos, y percibo cómo una melodía, que me parece conocer desde siempre, escala por mi piel para alcanzar un lugar dentro de mi cerebro, el lugar donde se agazapa el confort, las sopas calientes, los abrazos apretados y el calor de la infancia. El coro de voces, armónicas y felices, despiertan en mí algo subliminal que huele a humo de leña y a tierra mojada, algo ancestral, colorido y alegre.

—Camerún —recuerdo con los ojos cerrados. Y la palabra me hace cosquillas en los labios.

—¿Qué? —me pregunta María que no está segura de haber escuchado bien.

Le tomo de la mano y sonrío, despojado de miedos. Es como si sintiera que está conmigo en aquella aldea africana; como tantas noches deseé que estuviera mientras releía sus cartas. Como si el tiempo y el espacio, sin salir de Madrid, se hubieran doblado sobre sí mismos, como en un folio, para llevarnos al pasado.

—La música —le digo solamente—. La alegría. Esta forma de vivirlo, de expresar la fe… —Noto mi piel erizarse—. No sabía hasta qué punto la había echado de menos…

Es verdad. Aquella alegría colorida y exultante que se respiraba en la misa del domingo en la aldea camerunesa, aquel gozo de vivir y de compartir en contraste con la realidad sucia y turbia del día a día, era lo que me había hecho enamorarme de Dios durante mi estancia en África. El poder de la fe, ese agradecimiento sincero por estar vivos, juntos, por poder alabar su nombre un domingo más, se respiraba allí como jamás lo había respirado. Hasta entonces para mí, la fe estaba más cerca de la obligación que de la elección personal, y sus ritos eran una serie de frases repetidas al unísono, desprovistas casi de significado. Nada que ver con aquella pasión, con el movimiento, con las manos volando sobre los tambores o acariciando una guitarra, con la sonrisa que se destila en el estribillo, con el deleite de los ojos cerrados. Solo al llegar a Camerún descubrí que la fe también tenía que ver con la libertad de ser uno mismo y con saberse aceptado a los ojos de Dios.

Ahora, de repente, era como si un retazo de aquella experiencia me hubiera alcanzado de nuevo. Cuando menos lo esperaba. Cuando más lo necesitaba, quizá.

Miro el pequeño escenario que se alza a nuestra derecha y al grupo de gente tocando diferentes instrumentos musicales, cantando y bailando, entregados a una fe joven, dinámica y alegre, llena de ritmo y de movimiento. Y siento la nostalgia de aquellas misas de domingo infinitas en África, a las que todo el mundo acudía con sus mejores galas y su mejor sonrisa. Y recuerdo cómo se presentaban guapos, alegres y agradecidos ante Dios y cómo la misa se alargaba en canciones conmovedoras que me producían una emoción a flor de piel, un sentimiento inexplicable de comunidad y de catarsis. Y noto que mi cuerpo, mis piernas, mis brazos y mi voz quieren vibrar con ellos. Sentir lo que ellos sienten.

La diferencia es que esto no es Camerún, sino mi realidad en España; que no estoy solo, sino con María y mis amigas. Mirar alrededor me produce una sensación sorprendente, como si alguien hubiera pretendido trasplantar una flor exótica en un jardín brumoso y ajeno, donde aún no se sabe si va a poder crecer. Por una parte, la música y aquella sensación de júbilo despiertan en mí una emoción dormida; por otra, no puedo dejar de observarlos a todos con una sonrojante sensación de vergüenza ajena.

—¿Te animas a subir junto a ellos? —me preguntan.

—Quizá más tarde —sonrío incómodo, quizá ocultándome a mí mismo la auténtica respuesta.

Así empieza todo. En un entorno que me roza levemente el alma, pero que aún siento ajeno. Receptivo, pero reticente de algún modo. Y comenzamos a alabar, a escuchar, a compartir y a sentir. En el silencio espeso, en la reflexión pura, en el disfrute exquisito del momento, sin más prisas ni más preocupaciones. Y poco a poco, sin que pueda explicarme muy bien el origen, la idea preconcebida de Dios que arrastro conmigo se desvanece ante mis ojos. El Dios que te vigila y te juzga, el Dios amenazante y castigador se va deconstruyendo, va suavizando sus rasgos y da paso a otra versión de sí mismo, a otra imagen, la de un Dios de bondad, un Dios que no reprocha ni enjuicia; un Dios comprensivo que no nos habíamos atrevido a imaginarnos ni en nuestros mejores sueños.

Porque en lugar de juzgar, este Dios te acepta. Y te acepta porque te ama. Porque te siente como parte de Él. Porque lo que tú juzgas —errores, imperfecciones, pecados incluso—, forma parte de su obra, porque forman parte de lo que tú eres. Y tú eres como eres, porque él lo ha deseado así.

Llevo tanto tiempo tratando de estar a su altura, sintiéndome expuesto, vigilado y juzgado, que la sola posibilidad de rebajar mis propias expectativas me produce un alivio insondable. Llevo tanto tiempo sintiéndome culpable por incumplir sus normas que el hecho de sentir que su cariño y su apoyo no están condicionados a mi comportamiento me proporciona un consuelo difícil de explicar.

La respuesta a muchas de mis preguntas aparece de repente ante mis ojos tan clara como si estuviera iluminada con luces de neón. La respuesta también a muchos de mis desvelos y a mi autocrítica constante. ¿Por qué no voy a quererme yo si Dios me quiere así? ¿Por qué puede afectarme el juicio de los demás, mi propia sensación de ser juzgado, si el mismo Dios no me juzga? Me invade una sensación sorprendente de alivio cuando hablamos del pecado, el estigma de la culpa que tanto María como yo hemos arrastrado desde hace demasiado tiempo. Porque aquí el pecado es algo diferente: no es el castigo que sigue a un mal comportamiento; no es una carga pesada que debamos echarnos a la espalda de por vida; no es una vergüenza ni una amenaza. Aquí el pecado es algo distinto; es algo que haces contra ti mismo; algo que te duele y de lo que en ocasiones no eres del todo consciente. Te afecta, pero no porque vaya contra Dios, sino porque va contra ti, porque repercute en tu vida, y tu vida es el más preciado de los regalos.

¿Quién decide qué es o no es pecado? ¿Dios o los hombres? ¿Y cómo, si es tan grave, Dios puede perdonarte solo con mostrarte arrepentido? ¡Cuántas noches sin poder dormir, cuántas tardes, lleno de rabia, me he hecho esa pregunta! De repente hoy lo entiendo todo, con una claridad meridiana. ¿Qué es Dios para nosotros si no un padre? Ahora que yo soy padre, que estoy a punto de serlo por segunda vez, lo entiendo a la perfección. Un padre se entristece con la tristeza de su hijo, del mismo modo que se alegra con su felicidad. Dios perdona nuestros pecados como nuestros padres nos perdonan cuando hemos hecho algo mal. Y no solo nos perdonan, sino que nos dan una oportunidad para que podamos aprender de nuestros errores; para no volver a sufrir y arrastrar ese dolor de forma constante.

Siento como si todas estas concepciones nuevas me fueran preparando para algo, para atreverme a desnudarme, para desprenderme de todas las cargas que me han ido pesando a lo largo de la vida.

El sábado por la noche hay una oración especial. Es el momento del que tanto me han hablado; el momento en el que, si necesitas a Dios, lo único que tienes que hacer es llamarlo igual que llamarías a tu padre o a tu madre, si tuvieras un problema y los necesitaras a tu lado.

Me sigue sonando demasiado místico, alejado de mi realidad, demasiado sorprendente, pero, la verdad, hasta este momento el Dios que moraba en mi mente no era el Dios cercano que imagino ahora. No era un Dios que pudiera pararse a resolver los problemas de cada uno de nosotros. Era un Dios severo, rígido, enfadado perpetuamente con quienes le desobedecen. Quizá, me digo, nunca haya sentido a Dios como alguien cercano, porque nunca me he dado esa posibilidad. Nunca le he llamado; nunca le he pedido que venga a mí. En nuestra vida cotidiana no estamos acostumbrados a hacerlo.

Creemos controlarlo todo y no estamos dispuestos a dejar nada en manos de una inexplicable fuerza superior. Pero cuando realmente tienes una necesidad, cuando tienes miedo, cuando quieres un trabajo nuevo, cuando a algún familiar tuyo le diagnostican una enfermedad, ahí sí que aparece Dios. Ahí sí rezamos y le pedimos ayuda. Incluso pedimos a los demás que recen por nosotros, pero, y en el resto de los momentos de nuestra vida, en el día a día, ¿dónde dejamos a Dios? ¿Qué espacio le damos? Nunca hemos tenido la necesidad de buscarlo como la realidad que es. A lo mejor por eso nunca lo he encontrado.

Me rodeo de algunas de las personas que más quiero, en quienes más confío, y sé que no me engañarían ni me harían daño. Inmerso en su círculo de seguridad, rezo para tener la dicha de vivir ese momento, de sentir que Dios baja hasta mí. Cierro los ojos y me concentro. Todos comienzan a rezar conmigo, aunando sus fuerzas y sus deseos a los míos, como en un eco de mis propios deseos, como un amplificador capaz de traspasar la frontera invisible entre dos mundos.

Sé que dicho así suena extraordinario; también me lo parece. Y, sin embargo, en nuestro entorno hemos normalizado que la gente, cuando tiene un problema, acuda a que le echen las cartas. A veces, cuando necesitamos soluciones, buscamos adivinos, recetas mágicas y fáciles, pero no nos molestamos en buscar a Dios. Quizá porque no nos damos cuenta de que Dios vive en nosotros desde siempre.

En ese momento, en esa noche, mientras la gente que me rodea empieza a rezar por mí, junto a mí, siento que Dios me muestra fragmentos de mi vida que están clavados en mi corazón como agujas, y que yo nunca he sido capaz de exteriorizar con nadie. Y mientras me expone de nuevo a ellos, me hace ver que Él me quiere; que si los conoce es porque ha estado junto a mí en todos ellos, aunque yo no haya sido capaz de percibirlo. Que sabe que me duelen. Y que está allí porque quiere arrancarme ese dolor. Desea liberarme y hacerme sentir feliz en el futuro. De una manera inexplicable, me transmite que todo es más liviano de lo que yo lo veo, porque Él va a ayudarme a sostenerlo; que la vida no tiene por qué ser un lastre con el que cargar perpetuamente; que las heridas más duraderas están en el alma y que el único que es capaz de curarlas es Él.

Las lágrimas fluyen sin que yo pueda controlarlas, pero no me siento triste; al revés. Y luego, cuando lo piense, lo cuente, lo reproduzca, yo mismo lo reviviré con incredulidad. ¿Es esto? ¿Dios se ha manifestado en mí? Así es como lo siento. Como un alivio, como si me hubieran quitado físicamente un peso de la espalda… Es una alegría que reconozco, la de sentirme amado, la de vivir mi relación con Él como algo deseado y no con culpa, ni como una imposición. Dios no me quiere por las cosas que hago, entiendo de repente. Me quiere pese a ello. Con ello. Me quiere por lo que soy. Y ese convencimiento me hace sentir una paz tremenda, una paz insólita capaz de abrirme el alma.

Por primera vez siento que Dios existe mucho más allá de los rituales y los dogmas. Por primera vez me doy cuenta de que, como en tantas relaciones en las que una de las dos partes pone algo menos, por miedo, inseguridad o desconfianza, en mi relación con Dios, soy yo el que no se ha dado con plenitud. Por primera vez entiendo lo que es confiar, aprender a dejar mi vida en sus manos y sentir que todo va a ir bien, que las cosas seguirán su curso. Si sufro algún mal, Dios no será la causa, sino la cura; cuando llegue la enfermedad, Dios no será el dolor, sino quien me acompañe a sobrellevarlo, y cuando llegue la muerte, Dios será quien me salve.

Llevo toda la vida preguntándome por qué Dios permite que pasen determinadas cosas. A mí o a otros. De repente entiendo que le estoy culpando injustamente. En la vida existen el dolor, la enfermedad y el sufrimiento, es cierto. A veces es más fácil pensar que Él es quien los causa sin pararnos a pensar que, en realidad, es su mano la que estrecha la nuestra para hacer ese recorrido más fácil.

Por primera vez tengo la sensación de que Dios es un ser real, completamente alejado de la idea preconcebida que teníamos de Él. Siento que me libera de la vergüenza de tratar de guardar las formas frente a Él. Y entiendo el verdadero concepto del Retiro de Alabanza. La alabanza es convertir tu vida en un agradecimiento constante. Como cuando das gracias a tu pareja, a un amigo o a tu madre por algo que ha hecho por ti con todo su amor. De repente, veo más allá. No debo centrarme en quién me hace daño, sino en aprender a identificar el dolor latente, lo que despierta en mí, lo que sirve para ayudarme a avanzar. Y, sobre todo, entender que ese dolor no es lo que Dios desea para mí. Al revés: Dios es el hombro en el que apoyarme para salir del pozo. Aprender que cuando me siento solo es Él quien me abraza; y cuando tengo miedo Él es quien me dice al oído: «Estoy aquí, contigo, tranquilo, confía, todo va a ir bien».

—¿Qué es lo que ha pasado? —me pregunta María, arrobada.

Hay un brillo en sus ojos. Y quizá en los míos. Temo que esa intimidad tan deseada que hemos logrado en el retiro se desvanezca cuando nos enfrentemos de nuevo al día a día, cuando estemos en casa. Pero no lo hace. La sensación de bienestar, de calma, continúa. Me siento pleno, como si algo muy grande me hubiera rozado. El sufrimiento se hace más ligero, porque ahora sabemos que es compartido. Y cada día es un regalo, porque ahora sé, con una seguridad absoluta, que soy alguien digno de ser amado.

A partir de este momento mi relación, nuestra relación, con Dios cambia radicalmente. Deja de vivir en nosotros y nosotros empezamos a vivir en Él. Nuestra vida deja de ser la búsqueda de momentos puntuales para tratar de acercarnos a Él y se convierte en una conversación constante, desde el silencio y la reflexión, sin la necesidad de oraciones regladas. Aprendemos a escucharle y aprendemos a hablar de Él a los demás. Sin falsos pudores, sin dogmas. Y no desde la teoría, sino desde la experiencia transformadora del amor, desde el poder sobrenatural de un sentimiento que es capaz de cambiar la vida de las personas.

Mis convicciones se recolocan, mis sentimientos se encajan. Entiendo que es el amor la única energía capaz de movilizarnos, porque el ser humano es alma y el alma solo se puede moldear desde el amor. Estamos hechos para amar y ser amados; por eso, las experiencias negativas, las que nos hacen daño, nos descolocan y nos alejan de lo que verdaderamente somos. Yo mismo he criticado muchas veces a Dios, me he sentido tentado de pedirle explicaciones cuando he considerado que las cosas no salían como yo deseaba; pero, en realidad, ¿quién es el que sabe lo que debe pasar y en qué orden debe hacerlo? Si yo estoy ahora mismo aquí, si Dios me ha puesto en este lugar aquí y ahora, es por algo. Y, al igual que lo ha hecho con este instante, lo habrá hecho con todos los momentos de mi vida; todas las veces que me he sentido triste, que lo he pasado mal, que me permití dudar de su existencia, no era que Él no existiera, ni que disfrutara con mi sufrimiento, ni que lo provocara. Él era quien caminaba a mi lado, sin dejarse ver; quien me dejaba su hombro para apoyarme y que la carga se hiciese más liviana. Desde esta nueva perspectiva, sabiendo que Él no es el artífice del sufrimiento, sino el consuelo, todo, en retrospectiva, cobra sentido.

Mi relación con Dios se transforma hasta tal punto que se convierte en algo íntimo y cercano, tan cercano que ahora sé que cuando necesito señales no tengo más que buscarlas. Siempre digo que cuando afirmo sentirme abrazado por Dios no es una frase hecha. Me siento literalmente amado, y ese amor reconfortante es como un abrazo cálido que me abriga el alma.

También mi confianza cambia. En Él y en mí mismo. Porque al sentirme imbuido de la magnitud de su amor, al sentirme querido y especial para él, todas las dudas se desvanecen. Mi confianza ahora mismo es tan absoluta que aprendo a delegar en Él, a dejarme llevar, porque entiendo que, de algún modo, formo parte de su plan. Porque ahora es cuando sé de verdad que para Dios realmente no hay nada imposible. Y tampoco esto es una frase hecha.

La clave no es otra que el amor. Quizá en nuestra vivencia de la religión habíamos olvidado que el amor tiene que ir antes que el dogma; que es el amor el que lo rige y el que lo engloba todo. El amor de pareja, el amor entre amigos, el amor hacia tus semejantes, que te obliga a tratarlos con el respeto que todos y cada uno merecen, pues todos ellos son amados por Dios... Me parece tan fácil que me duelen las normas que imponemos en su nombre porque esas mismas normas nos alejan de Él. A veces mi fe puede parecer herética, porque no creo en todas esas leyes terrenales. Cuando alguien me pregunta cómo puede llegar a tener una fe como la mía, yo le sugiero que se acerque a Dios despacio, desde el silencio de su propia oración, que puede ser incluso un monólogo discreto en el más tranquilo de los rincones de cualquier Iglesia. La relación con Dios, como todas las relaciones de amor que vivimos, requiere de confianza y de reciprocidad. En ella, las dos partes deben dar algo de sí. Para que alguien te quiera te tienes que entregar a ese amor, ser transparente con tus sentimientos y abrir tu corazón. Y eso mismo sucede cuando a quien amamos es a Dios.

Regreso a mi vida cotidiana, pero todo ha cambiado. Siento una inmensa paz que parece inundarme, llenarme de una energía que me ayuda a enfrentar lo que vendrá después. Tengo la sensación de haber rellenado los huecos de tristeza que se abrían en mi alma con una fuerza nueva. Mi herida, mi herida primigenia, comienza a sanar; la autocrítica constante, que vuelco sobre mí mismo, comienza a suavizarse. ¿Por qué me esfuerzo en considerarme imperfecto si soy perfecto para Él? Y siento un ansia inexplicable de eternidad, de cielo, de culminar todas las experiencias maravillosas que habito aquí. No quiero morir, pero no me da ningún miedo la muerte. Quizá porque aprendo verdaderamente a verla, no como un fin, sino como un umbral.

Y es ahora, cuando soy capaz de entender que a Dios no le alimenta ni nuestro sufrimiento ni nuestro sacrificio, cuando concibo la grandeza de su amor incondicional de padre. Sé que realmente acabo de iniciar el camino para conocerle.

9

En mis recuerdos siempre hay un recorrido luminoso, un trayecto corto, pero conocido, que asocio con la música y la luz, con lo más puro, con la vida misma.

Es la distancia que hay en coche de mi casa al hospital.

Estamos en Semana Santa, pasando las vacaciones junto a mis primos. Es un momento de gozo y espera y yo lo siento como un paréntesis perfecto. Me siento pleno y feliz. Es María quien está muy cansada. Su fecha prevista de parto está cerca y tiene los pies hinchados y signos de agotamiento, tantos que en estos días de relax nos turnamos para cuidarla y darle masajes en los pies.

—No queda mucho ya... —me sonríe con la sombra de un temor inevitable en el rostro.

Sé que a su ilusión y su expectación se suman sensaciones que yo jamás viviré: el miedo al dolor, el pudor del cuerpo expuesto, el legítimo temor a que cualquier pinchazo o falta de movimiento dentro de ti sea la señal de que algo no está saliendo bien del todo... Yo sonrío para tranquilizarla. Y lo hago convencido, porque es así como me siento. Sorprendentemente tranquilo.

—Ya verás como todo va a salir bien...

La seguridad y la calma que atesoro tras nuestro paso por el Retiro de Alabanza, y nuestra comunicación directa con Dios, tiene mucho que ver con mi actitud calmada, como la de un hijo que confía ciegamente en su padre. En este momento, aún no soy consciente del orden en el que están ocurriendo las cosas, de la importancia de que María se haya quedado embarazada exactamente nueve meses antes, de la trascendencia de haber vivido esa impactante experiencia cuando nuestra hija aún no ha llegado al mundo. Me siento profundamente feliz e ilusionado, como cuando era niño y esperaba la mañana de Reyes.

El ginecólogo confirma lo que a María le dice el instinto y a mí, su cuerpo. Que no queda mucho, pero que si la espera se alarga es mejor intervenir. María está muy hinchada y hay riesgo de preeclampsia, un síndrome que cursa con hipertensión y que podría ser fatal tanto para ella como para el bebé.

—Voy a apuntaros para el 7 de abril a las ocho de la mañana —nos sonríe para que entendamos que no hay nada mal y que el parto programado es solo una medida preventiva—. Para entonces, si Catalina no se ha animado a salir, entraremos a por ella…

Catalina no se anima a salir. Pensándolo ahora, en perspectiva, quizá fuese aquella la primera prueba de la desbordante personalidad de la que nuestra hija haría gala desde el primer instante de su vida. Así que el 7 de abril, muy temprano, dejamos a Tomi con los abuelos y nos vamos juntos, camino del hospital. Como María aún no se ha puesto de parto no hay urgencia ni temor en nuestras miradas. Vamos los dos solos en el coche y nos sonreímos. El sol que ya levanta incide en el cristal dotando a la escena de una luminosidad blanca y esponjosa, y la música suena despacio. Nosotros circulamos sin prisa también. Tranquilos y en silencio, sumidos cada uno en nuestras reflexiones. Para mí, ese recorrido tiene el mismo atractivo que una calzada alfombrada al paraíso. Soy vagamente consciente de que he dejado a un hijo en casa, porque voy a por otro. Que en breve seremos uno más, que la familia, una familia fruto de nuestro amor, sigue creciendo.

En la sala de parto nos atiende la matrona. Hay un orden extraño, sin prisas, voces ni carreras. Y yo no puedo evitar retrotraerme a la última vez, a mi única experiencia como padre hasta ese momento. Observo todo con la mirada insaciable de un niño tratando de atrapar cada uno de los detalles que me rodean, como si los viera por primera vez. Es la primera vez, porque en el nacimiento de Tomi, el miedo, la responsabilidad y la culpa nos impidieron disfrutar de las sensaciones que conlleva un alumbramiento; nos robaron esa oportunidad y, en esta ocasión, en la que nos sentimos, por fin, legitimados, queremos bebernos a sorbos cada instante. Acuciada por los primeros dolores, quizá María un poco menos.

—Ya estás de parto —le anuncia la matrona con una sonrisa.

El médico entra en la sala. No hay precipitación ni aglomeraciones. Nada que ver con el nacimiento de Tomi, que se produjo bajo la expectante mirada de un grupo de estudiantes que había ido a tomar apuntes. Aquí, de alguna manera, estamos nosotros solos. A María le ponen la epidural, pero, como ocurrió la última vez, algo le sienta mal y comienza a tener temblores descontrolados. Abre mucho los ojos, asustada.

—¿Qué me pasa?

—No te asustes, María. Los médicos no le han dado importancia. Confía.

Confía. Esa es la palabra. Porque ahora, en vez de asustarnos o formular preguntas sin respuesta, hemos optado por confiar. Y lo hace como lo hago yo. Nos tomamos de las manos y rezamos juntos. Noto que ella se adormece y se relaja hasta que llega el momento. Los médicos ayudan a que el alumbramiento, que debería resultarnos innato como especie, tenga lugar, y Catalina hace su entrada en el mundo con los ojos apretados y un llanto enfadado y poderoso, como si acabaran de expulsarla del paraíso.

Y quizá así sea.

Nos miramos. Reímos. Lloramos. Sonreímos embobados ante su minúscula presencia, que nos sabe a milagro. No nos salen las palabras. Solo sé que siento algo muy grande dentro del pecho, como si el corazón me fuera a estallar y un miedo extraño, un vértigo increíble, al pensar cómo algo tan pequeño puede aferrarte a la vida con tanta fuerza.

Todo es tan vibrante y nuevo como si acabaran de hacerlo para nosotros. Me siento feliz y triste a la vez. Las emociones llegan unas tras otras chocándose entre ellas, superponiéndose, como las olas en la playa. Me hubiera gustado sentir esta plenitud, conocer estos sentimientos, y las palabras que los definen, cuando Tomi nació. Pero era tan joven, éramos tan jóvenes los dos, que siento que no estaba preparado aún para enseñarle nada. Quizá por eso fue él quien se convirtió desde el principio, sin saberlo, en nuestro guía, en el que nos llevó de la mano por cada sendero; en nuestro mejor maestro.

—¿Qué piensas? —me pregunta María desbordada de lágrimas, sosteniendo aquella minúscula forma entre sus brazos.

—Que nos lo hemos ganado, Mery —le digo—. Que nos lo merecemos. Que hemos pasado mucho para llegar aquí, pero ahora somos una familia. Que no necesitamos rendirle cuentas a nadie…

—Y que todo ha merecido la pena… —concluye ella, con esa clarividencia emocional que me sigue enamorando cada día.

—Absolutamente todo —coincido.

Estamos en 2021, pero la memoria de la pandemia ha derivado en protocolos más estrictos. En los hospitales, los regímenes de visitas no están permitidos. Y yo lo agradezco. Lo agradezco infinitamente porque eso nos permite estar solos; nuestra primera noche, los tres. Sin nadie más. Sin familiares ni amigos. Solos, con nuestro cansancio, nuestras lágrimas de emoción y nuestras sonrisas agotadas de padres medio primerizos. Solos con Catalina. Acostumbrados a vivir nuestro amor en paréntesis, nos cuesta muy poco convertir la habitación del hospital en un refugio. Nos reímos como si aún no pudiéramos creer en nuestra suerte y esa noche, para celebrarlo, pedimos a un restaurante sushi y organizamos todo como en una primera cita. Con nuestra hija.

Es todo tan mágico que debí haber supuesto que algo iba a pasar. Como si no tuviésemos derecho a tanta felicidad.

Al día siguiente, mientras María y Cata siguen en el hospital, yo me voy al colegio a buscar a Tomi. Quiero darle su espacio, compartir la nueva alegría y observarlo con los ojos con los que se mira a un hermano mayor. Decirle sin palabras que seguirá siendo mi niño siempre y que tiene más faena que nunca para enseñarnos esos caminos secretos al corazón, que solo él conoce. Cuando vamos en el coche, en medio de uno de esos trayectos dorados, tan blancos y luminosos que me siento como si estuviera andando por el cielo, suena mi móvil.

—¿María? —sonrío aun sabiendo que no podía verme—. Tomi, dile «hola» a mamá.

Pero María no está para saludos, no está para nada en realidad.

—Tomás, ¡se han llevado a la niña a la UCI!

—¿Qué? ¿Quién? —pregunto, porque no soy capaz de asimilar lo que acaba de decirme.

—Ha venido la doctora —me cuenta hecha un manojo de nervios—. Ha estado casi un minuto en apnea, Tomás. Sin respirar. Se ha puesto negra. Se la han llevado.

—Pero ¿qué le pasa? ¡Si no le pasa nada! —trato de aferrarme a su aspecto sano como si fuera una verdad absoluta.

—No lo sé —María solloza al otro lado del teléfono—. Se la han llevado. No me han dicho nada más. Nadie me ha dado explicaciones…

Dejo a Tomi de nuevo. Regreso solo al hospital. Me abrazo a María con fuerza y nos vamos a ver a nuestra niña a la UCI. No podemos tocarla. Allí está, intubada, pequeñita e indefensa, en medio de otros niños tan pequeños e indefensos como ella, observados por otros padres tan angustiados e incrédulos como nosotros. Solo tras mirar a mi hija, empecé a observarlos con una mirada nueva, a sentirles cercanos, cómplices en un mismo dolor, o en un dolor mucho peor quizá. Los ojos enrojecidos, las ojeras, los gestos de preocupación. Nos miramos todos, huidizos, y nos regalamos sonrisas tibias. No tenemos nada más.

—¿Qué le pasa, Tomás? —me pregunta María, incrédula.

—Verás como no es nada —trato de consolarla—. A mí también me pasaba de pequeño. Me lo han contado un montón de veces. Que me privaba de respirar en medio de un berrinche. ¡Anda que no les he dado yo sustos a mis padres!

María me observa esperanzada y yo rezo por que sea verdad, por que sea exactamente lo mismo. Nadie sabe aclararnos nada. Porque es muy pronto. Porque esos comportamientos, derivados de un berrinche, no suelen empezar hasta los seis meses o el año y Catalina los tiene desde el mismo día en que ha nacido. ¿De verdad es solo una muestra de ese carácter explosivo, tan diferente al de Tomi? ¿De una fuerza que yo he adivinado en ella nada más nacer, como si los padres tuviéramos la clarividencia de adivinar el carácter de nuestros hijos?

Y ¿si no es lo mismo? Y ¿si es otra cosa?

La pregunta real es: y ¿si es otra cosa más grave?

Le hacen mil pruebas. Seguimos en el hospital. Solos. Ahora más solos que nunca. Todo a mi alrededor me parece blanco e insonorizado, acolchado, como si estuviéramos viviendo dentro de una nube. No estamos preparados para sufrir. Ahora no. ¡Si nos iba bien! ¡Si habíamos superado todas las pruebas! Apenas habíamos podido disfrutar de nuestra experiencia de paternidad anterior. «¿Por qué también nos roban esta? ¿No tenemos derecho? ¿No nos lo hemos ganado en cierta forma?», pensaba con un rencor sordo. ¿No hemos sido buenos padres? ¿No hemos hecho lo imposible por estar lo más cerca posible de Dios?

Dios.

¿Cómo iba a quitárnosla si nada más nacer ya la queríamos?

¿Cómo iba a arrebatárosla si Él mismo nos la acababa de regalar?

Cada segundo que pasa sin respirar es como asomarse a un abismo. Uno, dos tres... Ya está bien. Ya respira. Ya ha vuelto. Está viva. Y esos días, que otros padres pasan mirando ensimismados a sus bebés, nosotros escrutamos el movimiento de su pecho, como si estuviéramos aprendiendo a esperar la muerte.

«Confía», decía algo dentro de mí.

Y yo respiro despacio, muy despacio, como si quisiera enseñar a respirar a Catalina.

Ya confío. Ya confiamos.

Y entonces lo entendí.

¿No es eso lo que habíamos decidido hacer?

Confiar.

«Es una prueba», me dije, convencido, como si le hubiera encontrado cierto sentido a todo. Es nuestra primera prueba. No tenemos ningún control sobre lo que está sucediendo. Hemos decidido confiar, entregarnos, no hacer reproches ni buscar explicaciones, y esta es nuestra primera gran prueba. Está todo en Sus manos. Y suceda lo que suceda, habrá sido lo que tiene que suceder.

Confiamos.

Nadie está preparado nunca para algo así. Nadie está preparado para ir a dar a luz y salir del hospital sin su hijo, con un vacío en el cuerpo y en el alma. Nadie está preparado para una ausencia antes de tiempo, para aprender a mantener la esperanza, para mirar el dolor en los ojos de otros, para sentirse, dentro del dolor propio, un privilegiado solo porque tu miedo es menos probable que otros miedos. Nadie está preparado para preguntarle a Dios a la cara por qué unos sí y otros no.

Yo tampoco.

Confía. Es lo único que puedes hacer.

La vuelta a casa fue amarga, triste, negra, como si todo aquello no estuviera pasando.

Nadie está preparado, a la salida de una maternidad, para ver unos brazos vacíos.

Tampoco nuestro hijo.

—Se va a poner bien, mamá, ya verás. Lo han dicho los médicos —repetía Tomi tratando de consolarnos a los dos. Nuestro maestro, nuestro niño sabio—. Hay que confiar.

Y confiamos.

Es ahora cuando entiendo por qué ha sucedido todo. Ya sé que María tuvo que quedarse embarazada en ese momento; que el Retiro de Alabanza tuvo que ser en esos días; que todo transcurrió en un orden perfectamente medido, porque así, cuando llegó el mazazo, pudimos reaccionar.

Dios nos había preparado para el peor escenario posible. Solo nos pedía que confiáramos en Él.

No nos hundimos. No buscamos culpas nuevas. Tratamos de lamentar lo menos posible nuestra suerte, porque hay suertes infinitamente peores. Y sabemos que suceda lo que suceda, esa es la auténtica enseñanza práctica de lo que nos habíamos comprometido a hacer.

Esperar. Y confiar.

10

¿Cuántas veces la vida se encarga de anclarte a la realidad?

Hacemos planes de futuro de forma inconsciente, en la ilusión de que controlamos lo que nos pasa. Hasta que un hecho fortuito nos recoloca en nuestro sitio.

En nuestro caso, ese hecho fue Catalina.

Un ser diminuto que hasta hace unos meses no estaba en nuestra vida, en nuestros planes…, alguien tan frágil… ¿Cómo se construye el apego hacia alguien que acaba de irrumpir en nuestra existencia? ¿Y cómo, siendo tan pequeña, tiene la fuerza para darle la vuelta a todo, de repente?

Los primeros días transcurren como un *shock*. Nos centramos en hacer lo que los médicos nos dicen. Tenemos que ser fuertes. Y yo lo intento, lo intento con todas mis fuerzas; al menos hasta que el abrazo de mi hermana Lucía, de mis primas, me sirve de soporte. Como si me dieran permiso para desmoronarme, como si me sujetaran, literalmente, ante la posibilidad de que me venga abajo. Estoy agotado. Todos los días en el hospital me parecen iguales. O uno solo, larguísimo, sin variaciones. Y sé que necesito despejar mi mente para pensar con claridad, para enfrentarme con el hecho de que las cosas cambian de un día para otro.

No es la primera vez que me enfrento a un zarpazo inesperado. Soy dolorosamente consciente, cuando todo va bien, de que esa situación puede no ser eterna. Por eso acostumbro a exprimir hasta la última gota de los momentos de gozo, y quizá también por eso el día que una gota imprevista cae sobre el vaso, en el que atesoro mis momentos más valiosos, es capaz de desbordarlo, inundándolo todo.

«Es una lección», me digo. Y se lo repito también a María. Catalina está aquí para enseñarnos que no tenemos que dar nada por hecho. Vivimos cada día tratando de organizar y controlar un futuro que realmente no existe; sin darnos cuenta de que, al final, todo lo que tenemos en nuestra vida es el presente. Nos aferramos a un futuro hipotético hecho de deseos materiales, y nos olvidamos de que de nada sirve todo eso si no vives en el presente, que es el que construye tu día a día, modelando quién eres y dónde vas a llegar. Y esta reflexión me ayuda, me calma en la incertidumbre brutal en la que estoy inmerso, porque a veces, como en la fábula, necesitamos verle las orejas al lobo para ser conscientes de que el lobo, irremediablemente, más tarde o más temprano, siempre llega.

La pregunta es recurrente. Nosotros nos la hacemos. Creo que todos nos la hacemos alguna vez. ¿Por qué me tiene que pasar a mí esto? ¿Es una especie de castigo? ¿Qué he hecho mal?

Lo malo es que no hay respuesta. O quizá sí: porque los malos momentos también forman parte de la vida. Porque la vida consiste también en aprender a lidiar con ellos. Y es ahora, desde mi propia realidad, cuando me doy cuenta de que esto nos sucede a todos, de que cada uno de nosotros libramos pequeñas o grandes batallas internas de las que los demás nada saben.

Y no, no has hecho nada mal. No es un castigo. Lo que sí es un autocastigo es esa trampa mental que nos ponemos a nosotros mismos. ¿Por qué no pensamos que parte de lo que nos sucede en la vida es por cómo nos enfrentamos a los hechos?

Como siempre, sin poder evitarlo, y pese a mis propias prevenciones, me dedico a planificar ese futuro incierto. Y a compartirlo con María, como si conjurarlo aumentara las posibilidades de que se materialice. «Pasará pronto», nos decimos. Es algo temporal. Solo unos días más... Por eso, cada nueva decisión de retrasar el alta de Catalina, tras cada observación, nos genera frustración e ira, porque en nuestro deseo de modelar la realidad a nuestro antojo estamos seguros de que lo mejor para Catalina es estar con nosotros, en casa, fuera del hospital. Y de que, cuando eso ocurra, todo volverá a estar bien.

Porque «seremos nosotros quienes controlaremos la situación», nos susurra una voz inconsciente.

Nada más lejos.

El momento de felicidad absoluta dura exactamente lo que tardamos en llegar a nuestra casa. Una vez instalados, todo comienza de nuevo. Es como si lo hiciera desde cero, porque estamos solos, sin profesionales, ni doctores, ni instalaciones, ni la posibilidad de una actuación de emergencia. Ahí empieza nuestra verdadera carrera de fondo, porque realmente nos encontramos solos ante el peligro; por mucho que nos digan que no sucede, que no suele pasar, que estas apneas se acaban tan drásticamente como empiezan y que a nuestra hija no va a pasarle nada, nos enfrentamos cada día al peor escenario posible; a lo que ni siquiera queremos imaginar en la más horrible de nuestras pesadillas: la posibilidad de quedarnos con nuestra hija, en los brazos.

Cuando conseguimos asimilar la realidad, manejarla y empezamos a recibir visitas y a tratar de recuperar las rutinas, son los demás, las personas queridas y cercanas de nuestro entorno, los que asisten puntualmente a nuestro sufrimiento, quienes no están preparados para la puesta en escena. Se sorprenden y se asustan. Y eso nos mina por dentro. ¿Habremos normalizado los ataques de Catalina como algo cotidiano? ¿Nos habremos relajado y no somos conscientes del peligro real?

Porque hay peligro. Y lo sabemos. O creemos saberlo. Y en la incertidumbre y la inseguridad todo se enrarece. Y la vida, nuestra vida, se convierte en un pequeño intercambio de reproches: «Es que no has hecho esto bien». «No, eres tú quien no lo ha hecho bien…». Y nos echamos continuamente la culpa en una espiral creciente, cuando la culpa no es de ninguno de los dos. Ni mía. Ni de María. Ni de Catalina, la pobre. Ni de Dios…

Llevamos veinte días fuera del hospital y estamos desbordados. Catalina tiene poco más de un mes. Sus ataques comienzan a producirse entre diez y quince veces al día, y nosotros empezamos a estar desgastados, con un agotamiento físico y psicológico.

—Tenemos que buscar ayuda. Me han dado los datos de un doctor que trabaja en el Niño Jesús. Quizá él nos pueda ayudar.

Acudimos a él en busca de nuevos diagnósticos, nuevos tratamientos, esperanzas o formas de sobrellevar la situación. Nos recibe en su consulta y nos insta a esperar mientras le hace el reconocimiento.

—Es que preferimos estar con ella… —matiza María.

—Como queráis…

Cuando comienza a explorarla, Catalina arranca a llorar al volumen que nos tiene acostumbrados hasta que se le corta la respiración. Es tan pequeña, y el ataque tan serio, que el propio doctor, acostumbrado a casos clínicos complejos, se inclina sobre la camilla donde se encuentra la niña, asustado.

—Tranquilo —me sorprendo diciéndole—, déjenos a nosotros…

María y yo nos adelantamos y, perfectamente sincronizados, cogemos a Catalina, tratando de que nuestro miedo no traspase su piel, de que se sienta arropada, mecida, de que su llanto interrumpido brote de nuevo para poder calmarla. Y, una vez más, cada segundo se hace eterno y no podemos dejar de mirarla pensando que quizá esta vez sea la definitiva…

Pero no lo es.

Llora de nuevo y su llanto se remansa como un torrente que llega a la pradera. Su rostro y sus puñitos apretados son tan pequeños en nuestros brazos que casi da miedo estrecharla.

La depositamos de nuevo en la camilla. El doctor vuelve a adelantarse hasta ella con gesto grave. Es evidente que ha notado que nosotros hemos sentido su temor. Y que eso, de entrada, no es una buena noticia. Nos mira muy serio.

—Ahora hablaremos de vuestra hija, pero primero quiero deciros una cosa. Quiero daros la enhorabuena porque os podéis imaginar lo que yo estoy acostumbrado a ver, trabajando en este hospital con niños con miles de enfermedades y cientos de patologías graves, todos los días. Y quiero daros la enhorabuena porque, siendo tan jóvenes y con tanta inexperiencia, habéis reaccionado con inmediatez y tranquilidad al episodio de vuestra hija… Es admirable.

María aprieta mi mano. Siento que se me saltan las lágrimas. ¿El especialista nos felicita? ¿Pese a todos nuestros miedos, nuestras inseguridades y nuestros reproches? ¿No lo estamos haciendo mal entonces? Siento que todo mi cuerpo se desmadeja.

—Nosotros… —intento explicarme—, nosotros confiamos en que…

—No sigas —me interrumpe—. Te he visto. Cuando todo ha empezado he visto cómo tus ojos se iban a la cruz de la pared, y he visto tus labios moverse, como si rezaras pidiendo ayuda. Sé que vas a decirme que es la fe la que os guía para poder sobrellevar esta situación. Y si es así, bienvenida sea.

Luego nos habla de Catalina. Y no, no son buenas noticias. Su caso es muy sorprendente. «Existen muy pocos casos como el suyo», nos dice. Ese tipo de apneas suelen producirse a partir de los seis meses, incluso del año, pero a una edad tan temprana, la falta de oxígeno prolongada puede influir en el desarrollo cerebral. «Hay que estar muy muy pendientes», nos dice. Y conservar la calma. Y actuar con sangre fría. Y nos felicita de nuevo.

Salimos de la clínica con un regusto agridulce. El diagnostico de Catalina no ha mejorado, pero lo ha hecho nuestra autoestima, nuestra confianza. ¿Cómo este hombre, con lo que verá en su día a día, es capaz de felicitarnos por nuestra intervención? Y nos damos cuenta de que a nuestro alrededor nadie más se atreve a enfrentarse con este problema. Nuestros padres, nuestros tíos, nuestros hermanos, nuestros amigos… Nadie entiende de qué hablábamos hasta que asisten a uno de los ataques de Catalina y, cuando lo hacen, la reacción es la misma. Todos nos increpan horrorizados.

—Pero ¿cómo no la lleváis al médico?

—Ya la llevamos al médico. Estuvimos cinco veces en urgencias la semana pasada.

—Pero no se puede vivir así…

—Pues mira, así vivimos.

Las palabras del doctor nos reconfortan, nos reconcilian con nosotros mismos. No lo estamos haciendo mal. Estamos preocupados, aunque aparentemos no estarlo. Somos nosotros los que vivimos en este día a día y nadie puede juzgarnos, porque nadie más lo vive. Estamos solos. Una vez más. Por mucho que a los nuestros les gustara acompañarnos en esta situación. Una vez más, estamos solos. Y nos afecta, claro que nos afecta. Y María no se atreve a tomar a ningún otro bebé en brazos, pero seguimos hacia adelante. Y damos gracias, porque en nuestro periplo y en nuestras esperas en urgencias conocemos a otras familias, vemos a otros hijos con casos mucho más dramáticos, tratamos de consolar a otros padres desgarrados. Y me siento íntimamente unido a ellos, porque hasta que no he sido padre no he sentido este doble dolor. Siempre que he visto el sufrimiento ajeno, no he podido evitar empatizar con él, pero ahora, cuando se trata del sufrimiento de un niño, sufro su dolor y sufro el de sus padres. Una suma de dolor. Porque ahora sé lo que es.

¿Qué no daría un padre por salvar a un hijo?

Sabemos que la situación de Catalina es temporal. Que el tiempo pasará y estos episodios desaparecerán; y aprendemos a vivir la situación todo lo que unos padres pueden normalizar la sensación de vivir a diario la agonía de un hijo. Pero, sobre todo, aprendemos. Aprendemos las batallas silenciosas con las que otros padres lidian a nuestro lado; aprendemos a acompañar el dolor, a respetar, a no juzgar las acciones ajenas. Y aprendemos también que los hijos desunen al igual que unen, que pueden existir los reproches mutuos, aunque cada uno de los dos esté haciendo lo imposible por sobrellevar la situación. Aprendemos que pese a lo que cada uno mostramos de nosotros mismos nada es idílico. Y a ceder parcelas de intimidad, porque el miedo es constante y sabemos que no podemos dejar a un bebé de estas características con nadie; cuando nos permitimos una sesión de trabajo, una cena, late el miedo a que te llamen corriendo.

Pero al final los reproches, el miedo, el cansancio y el desgaste psicológico no son necesariamente malos, porque también forman parte de la vida que hemos elegido, de la realidad de ser una familia.

Y una vez más es nuestro hijo quien nos enseña, nos ayuda, se arroga el rol de hermano mayor, se queda en un segundo plano y crece antes de tiempo. Sabe que esta hermanita que ha venido a destronarle no lo hace con intención; es consciente de que requiere una atención especial y tiene la generosidad innata de hacerse a un lado, aunque vive nuestro estrés, nuestro miedo o nuestros frenazos en el coche, cuando en la sillita de al lado su hermana se priva en un ataque de llanto.

Y ahora miro a cada padre, a cada madre, con un niño pequeño con una emoción nueva. Tratando de adivinar qué pequeña tragedia cotidiana se esconderá detrás de cada uno de ellos, tratando de adivinar cómo la sobrellevarán. Y me encuentro, sin querer, sonriendo a cada pareja en el parque, mientras un bebé llora en un carrito; o en la sala de espera del hospital, ante el padre que llega con su hijo pequeño en brazos. Todos ellos tienen una vida que compaginar con el cuidado especial que les requiere ese hijo. Quizá a su alrededor solo los más íntimos conozcan su sufrimiento, sus noches sin dormir y las peleas que nunca deberían haber empezado. Y pienso que cada uno de ellos pararía el mundo si a su hijo le sucediera algo. El mundo, en general, seguiría girando, pero el suyo, su mundo doméstico, personal, modelado a medida, se pararía para siempre. Y pese a ese convencimiento, o quizá por él, todos hacen lo mejor posible. Lo hacemos lo mejor que podemos. Y me gustaría decirles que no se sientan inseguros, que lo están haciendo muy bien, que confíen. Y que no están solos…

Cuando el miedo a perder un hijo se apodera de ti es difícil espantarlo. Catalina comienza a gatear, luego a caminar y a explorar el mundo a su alrededor, pero el miedo no disminuye. Crece. Porque si en situaciones controladas tiene estas reacciones, qué no sucederá en una guardería, en un parque, al caerse de un columpio, al hacerse daño y empezar a llorar…

Y me veo a mí mismo, no tanto tiempo después, en el parque, con los dos. Con Tomi corriendo hacia el tobogán y con Catalina, vacilante en sus primeros pasos, tratando de escapar de mi mano para seguirle, rumbo a ese nuevo universo desconocido. La aferro con fuerza. ¿Y si se cae? ¿Y si la empujan? Cualquier cosa que desate un ataque de llanto podría ser fatal…

Pero ¿podemos evitarles siempre el sufrimiento? ¿Podemos vivir perpetuamente en el miedo?

¿No es mejor disfrutar del momento? ¿De los suyos? ¿De los míos con ellos?

Cierro los ojos. La brisa me revuelve el pelo, como en una respuesta muda, y sonrío para mis adentros. Una vez más la fe me sostiene. Y me alegro de que lo sucedido haya servido para saber vivirla en los momentos malos, como la he vivido en los buenos. Gracias por la fortaleza. Gracias por no permitirme abandonar. Gracias, porque sin Ti quizá hubiera tenido dudas…

Suelto su mano.

Catalina corre, tambaleándose, feliz hacia su objetivo; escala trabajosamente las escaleras, mientras yo me clavo las uñas en las palmas para no correr a sujetarla. Se alza arriba, segura, en el vértigo de la altura recién alcanzada, con el brillo de la excitación en los ojos y entonces se deja caer. La sorpresa de la bajada le cambia el gesto; noto su titubeo, pero ya no puede volver atrás y yo me contengo para no salir disparado a aferrarla antes de que llegue al suelo...

Llega. Cae de culo en la arena. Sus emociones parecen batallar entre la excitación de esa primera proeza y el brusco final. Sus labios tiemblan en un puchero, como si quisiera arrancar a llorar y yo siento en mi cuerpo la tensión de todas las otras veces. Y entonces Tomi aplaude.

—¡Muy bien, Cata! ¡Lo has hecho tú solita!

Ella corrige su propio gesto y comienza a reír, inconsciente de que ese momento se me está quedando grabado para siempre. No llora. Ríe. Y su risa infantil, excitada y contagiosa se eleva en el sol tibio de la tarde y hace que me sienta infinitamente vivo.

Y agradecido.

11

Y todo se va ordenando de nuevo, el agua regresa a su cauce y la calma vuelve a llamar a la puerta. Aparece como algo esperado y deseado, algo de lo que poder disfrutar plenamente, sin angustias.

Y me doy cuenta de que, en la calma, siempre está María.

El miedo, las noches sin dormir, la angustia vivida desde el principio junto a nuestra hija podía habernos desunido y arrastrado a una espiral de reproches. Pasa en muchas parejas. Pero, en nuestro caso, no solo no lo hace, sino que siento que la responsabilidad compartida nos une aún más. Y tengo el convencimiento de que es gracias a ella.

—No digas tonterías —me sonríe cuando le expreso mis sensaciones—. Es gracias a los dos.

—Tú eres más reposada que yo —le recuerdo—. Más paciente. Más buena.

—Uy, más buena —se escandaliza—. Esa palabra es muy grande, Tomás.

—No, esa palabra a ti te queda perfecta —insisto y no estoy tratando de halagarla—. Eres bondad, bondad pura, sin malicia ni dobleces...

María sonríe despacio y baja la vista. Es uno de esos raros momentos en los que estamos juntos, en casa, y solos. No inmersos en la vorágine de alguna campaña, ni haciendo malabarismos para encontrarnos entre la ida y la vuelta de algún viaje. Los niños duermen y aún no es hora de que nos acostemos nosotros. ¡Hay tanta paz en casa! Y yo sé que es ella quien la trae, como si la comprara cada tarde y la repartiera. No responde y yo pienso en el silencio que se esconde tras cada uno de sus actos, un silencio meditado, consciente, que poco tiene que ver con mis explosiones. Un silencio hecho de reflexión y de humildad en el que parece analizar en cada instante cómo ayudar, cómo hacer que todo sea un poco mejor sin que su mano se note. Ni siquiera tiene mis dudas permanentes con respecto a lo que es correcto, lo que debe hacer, porque, de una manera natural, parece saberlo siempre.

Y nunca me hace reproches, aunque sé que, a veces, los merezco.

—Me gustaría ver las cosas como las ves tú —le digo con una sinceridad absoluta.

—Vemos las cosas igual —me recalca—, pero reaccionamos de manera diferente.

Es cierto. Yo soy más duro, más categórico, más impaciente, como si la prisa que marca la pauta de mi vida se filtrara en cada uno de mis actos. Y sé que, en realidad, actúo así porque soy débil. Es ella, que parece menuda y delicada, la que tiene la fuerza. La que me contiene, la que me remansa, como un dique ante un torrente. La que me llena y me completa, aunque pueda parecer lo contrario. Su presencia me aporta tanta seguridad que la siento como un bálsamo en una herida.

—¿Te acuerdas cuando te decía que yo te quería más que tú a mí? —le pregunto.

—¡Qué manía! —se ríe—. ¡Claro que sí!

—Pensaba que era yo quien te quería, porque me hacías sufrir, pero con el tiempo me he dado cuenta de que tuviste que sufrir mucho más que yo. Al menos, yo podía expresarlo, reprochártelo incluso... —le recuerdo admirado—, pero tú escondiste tus sentimientos, estabas dispuesta a sacrificarlos, por no hacer daño a otras personas…

—Hace ya mucho tiempo de eso, Tomás…

—No, no hace tanto. Y cuando al final comenzamos a salir, yo seguí con mi vida, feliz, emocionado, compartiendo mi suerte con mis amigos, sin darme cuenta apenas de que tú tenías que dejar atrás a tus amigas, de que tenías que lidiar con su odio y su indiferencia…

—Tomás —me dice con gravedad, muy seria—, todo eso ya pasó.

—No pasó. No pasará nunca, porque es así como eres. Jamás me has restregado las cosas a las que has renunciado por mí y, ¿sabes?, no puedo estar seguro de que yo hubiera reaccionado así.

—No sigas, Tomás… Sabes que no me gusta…

Es cierto. No le gusta. Parece tímida porque es discreta. Aborrece el reconocimiento. No le gusta la alabanza. Se siente bien haciéndose pequeñita. Quizá porque tiene un corazón tan grande que no necesita que la engrandezcan artificialmente. Habita en la humildad. Y cuando alguien me alaba a mí, aunque no lo diga en voz alta, siempre pienso que es porque hay una persona detrás, una persona que proyecta su luz sobre mí y me hace ser más grande.

Recuerdo la frase del médico cuando empezamos toda la carrera de fondo con nuestra hija, aquella frase que fue una auténtica cura para el alma: «Enhorabuena, chicos. Sois unos valientes y lo estáis haciendo muy bien». No sabía si lo estábamos haciendo bien o mal, solo que la situación nos estaba sobrepasando y que intentábamos llegar a todo, estar a la altura, no discutir ni perder los nervios. ¡Y era tan complicado! Pero entonces miré a María y supe que aquel médico tenía razón. Que, aunque nadie nos prepara jamás para estas cosas, ella, de una forma innata, lo estaba haciendo mejor que nadie. Sin un grito, sin un mal gesto... Fue su sonrisa la que me tranquilizó. Y tuve el convencimiento de que todo iba a solucionarse.

—Es verdad. No entiendo cómo puedes con todo sin cansarte, sin quejarte, sin una mala cara.

—Tú también lo haces.

—No es cierto. Yo me quejo —reconozco—. Y hay días en que después de no haber parado en todo el día me siento, agotado, en el sofá y veo que tú continúas. Y, ¿sabes?, a veces me molesta, porque siento que tú sigues y yo ya no puedo. Y cuando te pido que descanses, lo hago, en cierto modo, para blanquear mi cargo de conciencia y sentir que estoy a tu altura.

Se ríe, una risa franca y transparente. La misma que me cautivó.

—No tienes que hacerlo. Descansa cuando lo necesites. Yo también lo haré.

—¿Cuándo?

—¿Cuándo qué?

—¿Cuándo lo harás?

—Cuando lo necesite…

—No me lo creo —niego con la cabeza, convencido—. No sé qué fuerza es la que te mueve…

Pone sus dos palmas en mis mejillas y me mira muy seria a los ojos. Son oscuros, como dos pozos profundos y siento que podría perderme en ellos.

—Tú. Los niños. Vosotros sois mi fuerza. Mi motor. No puedo parar si siento que me necesitáis. Cualquiera de vosotros. De cualquier modo.

—¿Aunque no te lo pidamos?

—Especialmente si no me lo pedís.

—¿Incluso yo?

—Especialmente… —hace una pausa breve— tú.

Me conoce. Me conoce tan bien… Sabe de mi vulnerabilidad mejor que nadie. Tengo tantas debilidades, tantos miedos y tantos complejos que María se me hace imprescindible para equilibrar mi balanza, para tratar de ser mejor persona. Ella no se siente decepcionada, se sabe amada. Y nunca tiene que pedir perdón a nadie porque a nadie ofende. Se da a los demás, a mí mismo, hasta el punto de olvidarse de ella. ¡Y somos tan distintos! Yo, a veces, en mi empeño, mi despecho o mi rabia me niego a pedir perdón o a concederlo. Ella no. Justifica siempre las acciones de los demás, con una empatía extrema, como si viera el mundo desde todos los ojos posibles. Y cuando yo intento rebatir sus argumentos, solamente sonríe y me dice: «No juzgues». Y yo pienso que tiene razón, que no sé nada de lo que está pasando la otra persona, que si quisiera perdonar de verdad lo haría sin condiciones. «No juzgues», me repite. Y yo sé que, con su ejemplo y pese a mi cabezonería, cada día a su lado soy un poco mejor persona.

—¿Quieres que volvamos a Roma? —le pregunto en un impulso arrebatado. Me brillan los ojos y en cuanto lo expreso en voz alta siento que eso es lo que tenemos que hacer. Que tenemos que regalarnos tiempos juntos y solos. Revivir las emociones bonitas. Sostener entre los dos los recuerdos, las piezas que engranaron nuestra relación.

—¿A Roma? —se le iluminan los ojos también—. ¿Vas a volver a pedirme que me case contigo?

—Lo haría mil veces —le digo.

Y los dos sabemos que es verdad.

Vamos. Es invierno, pero no nos importa. Paseamos cada calle, cada plaza y cada esquina recordando instantes que en la vorágine de la cotidianeidad se nos escapan. Nos cogemos de la mano como adolescentes, tomamos helado pese al frío y volvemos a besarnos en el Jardín de los Naranjos. Y esta vez, incluso, la vida nos sorprende con un regalo adicional.

Es miércoles. Nos levantamos muy temprano, porque ya hemos decidido asistir a la audiencia que el Papa concede ese día, cada semana. Roma siempre tiene un añadido para mí, para nosotros dos. Lo pienso mientras llegamos al Vaticano, que, pese al bullicio y a la cantidad de gente que lo llena a todas horas destila un halo eterno de espiritualidad; un anhelo de reflexión y recogimiento que me sobrecoge.

Siento ensancharse mi corazón desde que nos adentramos en el salón interior, donde se conceden las audiencias en invierno. Hay una energía especial en toda esa fe compartida que me acaricia el alma, me estremece y me hace sentirme parte de algo inmenso. La cola de seguridad nos roba unos instantes y, cuando conseguimos entrar, vemos que los mejores sitios, los más cercanos al lugar desde el que habla el Santo Padre, ya están cogidos.

—¡Qué pena! —María mira en todas direcciones buscando el lugar donde instalarnos—. Nos hemos quedado un poco lejos.

Miro también a mi alrededor. Detrás del todo hay unos huecos libres y le pido a María que nos quedemos allí. No me atrevo a decírselo en voz alta, pero el Santo Padre me parece una persona tan sencilla y humilde, tan humana, tan cercana a nosotros los creyentes que, como en una comunión, me siento capaz de prever sus actos.

Por eso pienso que quizá, solo quizá, cuando acabe la audiencia y se recoja en las zonas privadas del Vaticano, tendrá que pasar precisamente por allí.

Su voz llena la estancia en medio de un silencio sobrecogedor y llega con nitidez a cada uno de los rincones de la estancia. Tengo muchas ganas de escucharlo, porque creo plenamente en su figura y en su infalibilidad, porque le siento como alguien designado directamente por Dios, pero a la vez creo que vive la calle de verdad,

Pese a enfrentarse con los sectores más críticos de la Iglesia, es capaz de mirar otras realidades incómodas y no tiene ningún problema en posicionarse al lado de las personas más marginadas, las más olvidadas, precisamente al lado de las que se colocaría Jesucristo si volviera de nuevo a la tierra.

Hoy ha elegido un tema que me enternece: la soledad de las personas mayores, de todos aquellos que han hecho tanto por nosotros y a los que, en el estrés del día a día, nos permitimos dejar atrás, porque no encajan en nuestra apretadísima agenda. Habla del abandono solapado, de nuestra memoria, tan flaca, que se olvida de cuidar a quienes tanto nos han cuidado. No puedo evitar, con un estremecimiento de dolor y de amor a un tiempo, acordarme de mis propios abuelos.

Tengo todavía el alma a flor de piel cuando, al terminar la audiencia, observo casi con incredulidad que, como había previsto, estamos en primera fila, tras la valla que se tiende para acotar el camino que recorre el Papa. Y que, efectivamente, él se retira por ese corredor. Pasa junto a nosotros y al hacerlo nos sonríe con una sinceridad conmovedora, y nos estrecha la mano, como si agradeciera el hecho de que hayamos estado allí.

Es un momento mágico. Como si todo se detuviera a mi alrededor. Y su afabilidad, el contacto de su piel, consciente de lo que para mí significa su figura y su cercanía con Dios, me deja sin palabras para expresar una emoción intensa que me amenaza con desbordarme el pecho. María me abraza y yo la abrazo, pero apenas puedo hablar. Tengo un nudo en la garganta. Me río, lloro y vuelvo a reírme de nuevo, entre lágrimas, inmerso en una espiral de felicidad.

—La última vez que estuvimos aquí fue para pedirte matrimonio —le digo a María, casi con un hilo de voz—. Tú no sabes la cantidad de veces que yo había rezado para poder compartir toda mi vida contigo. Y ahora, en este viaje, le doy la mano al Papa… —articulo con incredulidad.

—La vida en un regalo, Tomás —me sonríe ella, con los ojos brillantes.

—Dios nos envía estos regalos, María.

—Perdonad —una voz desconocida interrumpe el momento y se acerca a nosotros. Es una chica que se dirige a nosotros en español con una sonrisa de oreja a oreja—. Soy seguidora vuestra y he venido con unos amigos al Vaticano. He visto cómo estrechabas la mano del Papa y me he permitido hacerte un vídeo. Si me dejas una dirección, puedo hacértelo llegar.

Me hubiera echado a llorar. Quizá incluso lo hice. Nada podía emocionarme más que tener un recuerdo de ese momento tan privado y espontáneo que, por supuesto, nosotros no habíamos pensado en registrarlo. Creo que, para su propia sorpresa, la abracé junto a María para integrarla en aquel gesto de cariño improvisado y sincero. Siento que todo está en el lugar del mundo que le corresponde. Que todo es un inmenso regalo de Dios. Y que nada ni nadie pueden robarme ese instante perfecto de felicidad.

Sé ya que voy a volver a España con las energías plenas, con las baterías recién cargadas y dispuesto a enfrentarme a lo que sea.

Es entonces cuando, a 2.500 kilómetros de allí, estalla la guerra de Ucrania.

Y, pese a la distancia, llega directamente al corazón.

12

Me fui. Así de rápido, así de sencillo, así de inconsciente, visto en perspectiva. La noticia de aquella guerra tan cercana me removió hasta extremos insospechados, haciendo añicos la burbuja de felicidad en la que nuestra estancia en Roma me había sumido. Aterrizamos en un Madrid incrédulo, que no terminaba de asimilar la invasión de un territorio en pleno siglo XXI y en el corazón de Europa. Y yo notaba el mío acelerado, la sensación de que cualquier realidad puede volar por los aires en cualquier momento. Los deseos de paz expresados por el Papa parecían papel mojado y arrugado en el suelo.

—Tenemos que hacer algo, María —le dije, sabiendo que me lo estaba diciendo a mí mismo.

—Lo haremos, Tomás —me tranquilizó ella—. Están llegando muchas peticiones de ayuda. Materiales, gente para cargar camiones. Tenemos la suerte de poder movilizar a mucha gente. Haremos algo.

Aquel algo inidentificable me calmaba durante unos instantes. Eso haría, me decía a mí mismo. Convocaría gente, compraría las cosas de primera necesidad que pudieran hacer falta en una realidad que no alcanzaba a imaginar; cargaría camiones hasta que me doliera todo el cuerpo, hasta que tuviera la sensación de que mi dolor podía ayudar a paliar el dolor de otros.

Entonces aún no sabía que eso no es posible.

Así fue como conocí a Marta Barroso, comprando un hornillo de gas en el Decathlon de Ortega y Gasset. Los lineales vacíos parecían barridos por el huracán de la buena voluntad y la impaciencia de los que, como yo, buscaban prestar ayuda de la única manera que sentían que podían. Así fue como conecté con su pasión y sus ganas de cambiar el mundo. Y así fue como un día de marzo, mientras clasificábamos cajas y las cerrábamos para cargarlas, ella me hizo ver que existían otras maneras. Maneras que no me había atrevido a imaginar.

—Estamos organizándonos en coches para llevar material a la ida y traer a mujeres y niños que quieren abandonar el país, a la vuelta —me comentó.

Parecía entusiasmada con la posibilidad de que sus acciones se materializaran en algo más cercano a la realidad geográfica y a las emociones de todas aquellas personas. Y podía entenderla.

—Suena increíble.

—Imagino que tú no podrías venir…

—No… —titubeé—, imagino que no, pero me encantaría. ¿Cuándo salís?

—Mañana por la mañana. A las cinco.

El resto lo conocéis. La ida, al menos. Un viaje exprés a la frontera ucraniana y al interior de mí mismo. Un viaje a lo más desnudo de un sinfín de emociones que desgrané, en horas interminables junto a mis compañeras de vehículo. Un viaje a la realidad de María, la abuelita ucraniana que viajaba con nosotros para traerse a sus nietos a España. Un viaje que se hizo cortísimo por la calidad de los sentimientos que, como un *reality* en el que hubiéramos de permanecer atrapados 24 horas en un coche, nos desbordaron entre llantos, oraciones y risas. Un viaje optimista y quizá ingenuo que terminó precipitadamente en la frontera entre Polonia y Ucrania, cuando nos despedimos y aún quedaban dos días enteros para la vuelta.

Descargamos el material que llevábamos. En la parte polaca se había habilitado una cochera de tren para gestionar la entrega de material y evaluar las necesidades. Me sorprendió el orden, la eficacia y la entrega con la que aquel trabajo silencioso y reconfortante se llevaba a cabo. Un grupo de estudiantes de Erasmus españoles estaba allí, codo con codo, ayudando. Yo fui con el grupo a llevar mantas y almohadas a una residencia de estudiantes habilitada para recibir a los refugiados. Allí fue donde comenzó el horror. No puedo describirlo más que en sensaciones y en imágenes, como si fuesen los *flashes* de una película antigua. Nunca he sido capaz de compartir mi experiencia con nadie, porque nunca he encontrado las palabras exactas. ¿Quién sabe? Quizá ni siquiera existan.

Recuerdo el frío. Los bidones de metal con carbones encendidos y grupos de personas hacinadas alrededor de ellos. El resplandor de las farolas sobre el asfalto mojado. Era invierno en el corazón de Polonia. La gente se movilizaba para ayudar, pero todos los movimientos parecían torpes, lentos y helados, y los colores desvaídos, apagados, como sacados de una película antigua sobre la Segunda Guerra Mundial.

Y los rostros. Los rostros, sobre todo. La angustia real de contemplar frente a ti a gente que ha perdido todo, que ha escapado de la guerra, que ha dejado tras de sí muertes, pérdidas y horror. Mujeres aferradas a maletas donde han empaquetado aprisa toda su vida; niños abrazados a sus peluches como si no les quedara nada más; ancianos sin futuro, con la mirada perdida en el pasado... Tenía la sensación de que el lugar estaba lleno de zombies, de muertos que caminaban indiferentes, con los ojos opacos. Pero no eran muertos desconocidos. Todos se parecían a alguien. Eran mis hermanas, mis padres, mis abuelos... Todos, yo mismo, habríamos podido estar en esa situación. Y me daba pudor mirarlos. Me sentía culpable por hacerlo. Como si la contemplación de su desgracia me hiciese de algún modo cómplice de ella.

Creo que aquella fue la escena más impactante que he vivido nunca; el mayor choque con la realidad. Ya había estado en África, ya me había enfrentado al dolor, pero en África me había encontrado un mundo distinto al mío, con otra realidad cultural, con muchísima pobreza. El problema es que esa frontera europea, difusa en mitad de la noche, podría haber sido la de mi país; que su realidad no estaba tan lejana de la mía. Que hasta hacía apenas un mes esas personas, que habían perdido todo, eran exactamente iguales que yo. Para mí fue como contemplar la cara más descarnada del odio. La soledad que es capaz de generar. Quizá fuese un mecanismo de autodefensa el que me hizo caminar entre todas aquellas personas ajeno, como un espectador, como el visitante de un museo. Me sentí egoísta, sucio. «¿Para qué has venido?», me pregunté a mí mismo. «¿Esto es todo lo que puedes hacer?». Sentí que me rompía en dos cuando tuve la sensación de que me encontraba en un zoo humano. Tuve que salir de allí, pararme sobre mí mismo y llorar hasta que me faltó el aliento. Llamé a María. Necesitaba compartir con ella ese dolor ajeno y, a la vez, propio.

—Tomás, por favor, ¡cálmate! ¿Qué te pasa? ¿Qué ha pasado?

Apenas podía explicarme. No sabía. ¿Qué podía decirle si los adjetivos y las imágenes se agolpaban en mi cabeza como una pesadilla? Había llegado hasta allí seguro de mí mismo, sin miedo, pensando que nada me pasaría si no cruzaba la frontera, si no me internaba en el horror de la guerra. Y ahora, el horror de la guerra se me había metido hasta dentro. El miedo no eran las bombas. El miedo era saber que cada uno de nosotros podríamos estar ahí.

—María —me atragantaba con mi propio llanto y hablaba entrecortadamente—, no puedo. No puedo hacer nada. ¿Para qué he venido? ¿Qué hago yo con tanto dolor?

—Tranquilo, Tomás. Haz lo que sientas que tienes que hacer. Llega hasta donde puedas.

—Es que lo único que quiero es volver, María. Volver a casa. Que pase la noche rápidamente, ir a buscar a las personas que me están esperando y volver a casa.

Me senté en las escaleras, pese al frío, dejando que el aire helado me secara las lágrimas. Cerca de mí uno de los voluntarios mantenía una conversación con aire urgente en su teléfono. Parecía discutir.

—¿Necesitas ayuda? —le pregunté. Ansiaba sentirme útil. Tener la sensación de que, por mínimo que fuese, era capaz de aportar algo.

—Acabas de llegar —me disculpó—. El viaje es una paliza; estarás cansado.

Negué con la cabeza.

—Necesito agotarme físicamente —le dije—. Ya lo estoy psicológicamente, así que necesito hacerlo de forma física para anestesiarme y no pensar más…

—Pues vente —me sugirió—. Hay un aviso a cien kilómetros de aquí. Dos mujeres y tres niños están en una iglesia, refugiados con el sacerdote. Les he dicho que no cabe más gente, pero…

—No podemos dejarlos allí —le dije.

—No podemos —convino.

Condujimos en silencio. A nuestro alrededor todo parecía el decorado de una película. Había una tristeza contagiosa en aquella oscuridad de invierno. Y miedo. Mucho miedo. Se reflejaba también en los ojos de los niños cuando llegamos. Y en los de las mujeres. Arrasadas, esquivas, sabiendo que iban a poner sus vidas y las de sus hijos en manos de desconocidos. Ninguno de ellos hablaba inglés. Tampoco ninguno de ellos estaba en la lista que llevábamos, pero no podíamos dejarlos. La tensión inicial pareció relajarse cuando dijimos que éramos españoles y utilizamos el comodín internacional del fútbol. Los ojos de uno de los niños se agrandaron. En un idioma común me contó que quería ser portero. Le gustaba el Real Madrid y era un fan de Thibaut Courtois.

—Pues mira, vamos a hacer una cosa —le dije—. Vamos a mandarle un mensaje a Courtois. Le vamos a contar que estamos aquí a punto de ir a España. Ya verás cómo nos contesta.

Courtois nos respondió enseguida con un vídeo y el niño lloró de emoción al verlo. Me alegré de haber podido inyectar unos segundos de alegría en su vida. Las madres nos miraban con recelo mal disimulado. No sabían quiénes éramos; no sabían exactamente a dónde los llevábamos... Entendí su desamparo como si la dureza de sus rostros me estuviese estrujando el corazón.

Subieron todos a la furgoneta y emprendimos el camino de regreso. Íbamos diez personas en total. Vita viajaba con su hijo y Olga con los dos suyos. El mayor tenía autismo. El ruido, la incertidumbre, el trajín de caras desconocidas y el encierro impuesto dentro del coche le tenían completamente descolocado, hasta el punto de que teníamos que parar cada poco, para que no se agobiara. El ritmo que habíamos mantenido a la ida comenzó a ralentizarse aquí. La furgoneta se averió. No había tiempo de repararla, pero no podíamos circular a más de 90 kilómetros por hora. Éramos diez desconocidos y teníamos que atravesar una Europa gélida, apremiados por un puñado de emociones encontradas. No había ningún idioma en el que pudiéramos entendernos. Los niños mantenían la mirada desenfocada tras el cristal y yo no podía evitar acordarme de mis hijos, a salvo en la calidez de nuestra casa, en Madrid. Y me preguntaba qué estarían pensando aquellos niños, y de qué modo toda aquella experiencia estaría grabándose en sus corazones infantiles para siempre. El pequeño futbolero, que tendría aproximadamente la edad de Tomi, se recostó sobre mí, en el asiento de delante, y yo acaricié su pelo. Me pregunté qué sentiría si para conservar la vida de mi hijo tuviera que meterle en el coche de un desconocido y enviarle al otro extremo de Europa. Sentí un nudo en la garganta. Mi mirada se encontró con la de su madre en el espejo. Era una mujer joven, guapa y elegante. Podría haber sido mi hermana.

Carol conducía en silencio. Yo iba de copiloto. Esta vez no supimos dar rienda suelta a nuestras emociones. No hubo llantos; nos hubiera parecido obsceno llorar delante de ellos. Tampoco hubo risas, porque tampoco nos parecía oportuno.

Intentamos unirnos en una plegaria, pero Vita se enfadó muchísimo y empezó a gritar palabras que no entendíamos.

—¿Qué le pasa? —pregunté con cierta decepción. Las habíamos recogido en una iglesia y pensé que la oración sería un lenguaje común.

—Creo que es judía. Una oración católica le debe parecer una herejía.

—El destinatario es Dios, igualmente —sugerí—. No puede hacerle daño.

Quise comprenderla. Quise creer que yo hubiera obrado de manera diferente, pero no tengo manera de saberlo. La comprendía, sí, pero me sentía algo decepcionado. Y mucho más triste aún, como si hubieran rechazado la última amarra que podía ofrecerles. Estaban nerviosas e irritables. Me sentí un imbécil por pensar que debían sentirse agradecidas y aún más por creer que podrían demostrarlo. Su realidad era otra. Habían abandonado todo. Sus casas. Sus trabajos. No podían hablar con sus maridos, en el frente. Se iban a un país del que no conocían ni el idioma, a vivir de la caridad por tiempo indefinido. Yo sabía que al día siguiente estaría en mi casa de Madrid. Justo a tiempo para el cumpleaños de mi hijo.

No podíamos conectar, porque estábamos en planos de preocupación tan diferentes que era como si perteneciéramos a especies distintas; no podíamos comunicarnos en ningún idioma, pero si hubiera sido posible dudo mucho que hubiéramos encontrado un tema del que poder hablar. Su bien más preciado, en aquel momento, eran los pasaportes que les permitían circular con cierta libertad para escapar del horror. O para volver a él si así lo decidían. Cuando los oficiales alemanes nos los pidieron en un control creo que todos temblamos. Ellas ante el terror de no poder continuar; nosotros ante la posibilidad de que nos acusasen de tráfico de personas. Su miedo se nos había contagiado y se deslizaba por el interior de aquella furgoneta.

Vita nos enseñó su cuenta de Instagram. Quizá en un intento de conectar a algún nivel con nosotros, de contarnos un poco más quién era ella. Pasé las fotos con la misma congoja que si estuviera leyendo un libro del que ya conociera el final. Vita, en un parque. Vita, arreglando un centro de flores. Vita, pintando con una sensibilidad exquisita. Vita, de vacaciones en Egipto con su familia el 5 de febrero, y luego, de repente, apenas quince días más tarde, su silueta junto a la ventana y un post estremecedor:

«Así fue nuestro día 24 de febrero, el día que empezó la guerra. Me he sentado fuera de la ventana todo el día, aterrorizada de perderme los ataques aéreos para advertir a los niños que se escondan a tiempo. El sol estaba tan cálido que era imposible creer que la guerra había comenzado. Ahora, si yo fuera un hombre iría a proteger a nuestra gente, pero también me siento junto a la ventana y escucho las noticias sin fin. Y creo que vamos a ganar esta guerra».

Cinco días más tarde, Vita salió de casa con sus hijos, una maleta y una mochila. Dejó su coche en la carretera y caminó hasta alcanzar la frontera con Polonia. No podía saber si iba a volver. Quince días después estaba allí, viajando en el coche de un desconocido para vivir una vida prestada. Sentí que el llanto se me atascaba en la garganta, pero no tenía ningún derecho a llorar. No delante de ella.

Cuando llegamos a Madrid, estaba agotado de sensaciones. Y entonces me ocurrió algo extraño. Mis padres, María y los niños vinieron a esperarnos, pero yo reaccioné de una manera irracional. Con un desapego que no sentía y una necesidad de consuelo que no me podía permitir. No quería verlos, ni que nuestros acompañantes los vieran; no quería mostrar mi vínculo con ellos. Sentía cierta culpabilidad por reunirme con mi familia, cuando ellos acababan de dejar a las suyas atrás. Ahí fue cuando me di cuenta de que lo peor en los viajes es siempre la vuelta, porque la persona que vuelve ya no es la misma que la que se fue. De alguna manera es como si ni siquiera volviera al mismo lugar del que partió.

Creo que tras aquel regreso fui incapaz de recolocar el rompecabezas de mis sentimientos. Mi familia y mis amigos querían verme para que les contara mi experiencia, pero yo me sentía un impostor, alguien que no había hecho nada de lo que sentirse orgulloso. No tenía nada que contar, porque nadie que no hubiera atisbado el horror habría podido comprenderme. Me sumergí en el silencio. Me sentí engullido y, de algún modo, protegido por él. Llegué a mi casa y en el espacio confortable de mi sofá me hice un ovillo, me acurruqué y me eché a llorar sin que mis hijos me vieran. Recuerdo que se lo pedí a María: «Por favor, no dejes que nadie venga a casa». Luego me metí en la cama y no me levanté hasta el día siguiente. Era el cumpleaños de Tomi. Lo había prometido.

Ese día mi cuerpo acompañó a mi hijo en su fiesta. No recuerdo si fui capaz de sonreír. No aparezco en las fotos, como si en realidad estuviera a miles de kilómetros de allí, intentando recomponer los pedazos rotos de mi corazón.

Solo al día siguiente, cuando al levantarme sentí de nuevo ese vacío que amenazaba con devorarme por dentro, llamé a Marta. Ella, que había vuelto al volante de otro de los coches, también acababa de regresar.

—¿Puedes hablar? —le pregunté.

—No —me dijo con una voz ahogada.

—Pues quedamos.

—Vale.

Quedamos a desayunar. Pedimos un café. No hablamos, porque no hacía falta, pero era cómodo estar así, callados, saber que te entiendes con una única mirada porque has enfrentado el mismo horror; porque has visto las mismas imágenes que ha visto el otro.

—¿Qué vas a hacer ahora? —le pregunté.

—¿Yo? Seguir —me respondió convencida—. Y ¿tú?

Asentí. ¿Qué otra cosa podía hacerse?

Y continuamos. Desde la retaguardia. Organizando la logística de un tráiler que partía de nuevo a llevar material. La experiencia era un grado. Ahora ya sabíamos qué se necesitaba exactamente, cuáles eran las mejores rutas, quiénes eran los receptores locales de la ayuda internacional. Había cierta rutina en la organización y cierto alivio en la rutina. Solo dos días después, llenamos un camión entero lleno del material que habían aportado miles de personas que vinieron a hacer sus donaciones. Me sentía agradecido, pero al mismo tiempo era incapaz de corresponderles. ¿Podía seguir haciendo mi trabajo? ¿Manejando mi rostro, mi mirada y mi sonrisa como si nada hubiera pasado?

—Es que te obsesionas mucho, Tomás. Yo ni escucho las noticias.

Notaba como un aguijonazo en la piel cada vez que escuchaba eso. No escucho las noticias. Como si la guerra se detuviera porque alguien decida no mirarla. Me dolía relacionarme con gente que pensaba de esa forma. Me dolía, pero, al mismo tiempo, era consciente de que estaba arrastrándome cada vez más cerca del borde del abismo.

—No puedo seguir así —le dije a María una mañana. Me miraba al espejo y casi no me reconocía. Mi hijo Tomi me había preguntado ya un par de veces si nosotros también tendríamos que salir huyendo. «¿A dónde iríamos?», necesitaba saber.

—No, no puedes —solo reafirmó lo que yo ya sabía—. No por mí, ni por los niños, sino por ti mismo. Vas a ahogarte. No puedes llevarte cada desgracia a un terreno personal.

—No puedo evitar empatizar con toda la situación que están viviendo.

—La empatía no siempre es útil, Tomás —me advirtió—. A veces nos paraliza. Un médico no puede ser empático si quiere salvar vidas. Se moriría con el dolor de cada uno de sus pacientes.

—¿Y qué hace entonces?

—Simplemente hace lo que tiene que hacer.

—Lo que tiene que hacer —repetí. ¡Como si fuera fácil!

Me sentía egoísta. Cobarde, casi, pero tenía que hacerlo. Me daba cuenta de que si quería volver a mi vida real tenía que hacerlo así, ayudando desde donde podía ser útil, a tres mil kilómetros de distancia, porque en el cara a cara, el sufrimiento me duele tanto que no me permite ser operativo, ni trabajar, ni estar con mi familia. Ni disfrutar de nada. Como si disfrutar fuese un placer culpable para quienes se han asomado al infierno.

Esa misma semana, hablé con Marta.

—Marta, no puedo seguir más. No a este nivel. Mi vida está aquí. Mis hijos están aquí. Estoy descuidando mi trabajo. Tengo que cortar esta implicación… Siento que me está ahogando… Que me está devorando por dentro.

—Lo entiendo, Tomás. Nadie puede ser fuerte todo el tiempo…

—Tú lo eres…

—Mis hijos son mayores. Tengo otra edad —me consoló—. Tú tienes una familia que depende de ti. Tu sitio está aquí.

—Os ayudaré con el siguiente tráiler —me comprometí—, pero será el último.

Me sonrió con ese optimismo innato con el que se enfrentaba a la vida.

—Pues esperemos que no hagan falta muchos más…

Nunca he contado todo esto. Quizá porque no sé contarlo. Me faltan las palabras para describir los sentimientos y las emociones. Creo, firmemente, que no existen, que son solo luces, colores, sensaciones fugaces que nos asaltan desde dentro. Muy dentro. Sé que sobre todos ellos impera el frío y una luz mortecina que me estruja el alma. Y la sensación de ser un actor caminando sobre un escenario punteado por la luz de las farolas, o los bidones con fuego de la frontera... Sé que si hubiera seguido me habría hundido en un abismo sin fondo y, pese a ello, aún siento cargo de conciencia, aunque esté seguro de que mi sacrificio no hubiera podido evitar más dolor.

María me ayudó a volver, a aterrizar de nuevo, a llegar a casa mucho después de que mi cuerpo lo hubiera hecho. A atreverme a preguntarme qué me había aportado aquella experiencia. A preguntarme si lo haría de nuevo.

Y creo que no lo haría. No sin pensar. No sin una coraza para el corazón. No sin un ancla. No con el alma al desnudo.

Volví a mi vida habitual, mientras Ucrania se estancaba en los telediarios y en un rincón de mi alma.

Pero nadie vuelve indemne de algo así.

13

Tocó reconstruirse.

Juntar las piezas, conseguir que encajaran de nuevo, desterrar el miedo y el dolor a un rincón, y dejarlos allí, agazapados, dispuestos quizá a saltar sobre mí de nuevo. Tocó manejar la responsabilidad y aprender a gestionar el sufrimiento.

Y lo fui consiguiendo. La herida se cerraba. Dolía en los bordes, dejaba una cicatriz fea, pero cerraba.

Nadie me cuestionó. Ni María, ni mis padres. Rompí con esa etapa, conmigo mismo, abriéndome en canal y sacándome todo, vaciándome al completo, porque, al final, la situación me había impactado de una manera tan personal que me estaba pudriendo por dentro. Y la decisión pareció acertada. Poco a poco, todo volvió a la normalidad. Yo regresé a nuestra vida, a mi vida, al día a día. Volví a mi trabajo, conseguí centrarme en él otra vez y, a finales de julio o principios de agosto de aquel año 2022, adelantamos nuestro viaje anual y pusimos rumbo al sur, en dirección a nuestro rincón favorito del mundo.

Tarifa.

Tarifa tiene una luz distinta, densa y transparente, como pulida en un espejo. Tiene cielos azules afilados y arenas tan blancas que su reflejo al sol te daña las pupilas. Tarifa conserva un olor antiguo a sal y vientos que arrastran hasta estas costas a iluminados y a náufragos. No sé si pertenezco a alguna de las dos categorías, pero sí que hace tiempo que Tarifa es ese puerto seguro al que volver. Que a veces es más hogar que mi propia casa.

Tarifa es el descanso, las risas garantizadas, la piel caliente y la arena mojada. Tarifa es el relax y el reencuentro. Es los amigos de siempre y el campo; la vida al aire libre y andar descalzos todo el día, como si aún no nos hubieran expulsado del paraíso. Tarifa es el Atlántico salvaje. El fin del mundo y el principio, porque desde allí se puede saltar a otros mundos cercanos y lejanos a un tiempo.

—Oye, ¿aprovechamos y nos hacemos esa escapada pendiente con nuestros amigos a Marruecos? —me pregunta María sonriente.

—¿Quieres decir los cuatro juntos? —le interrogo a mi vez con una pizca de incredulidad ante el despliegue de logística que requiere la operación.

—Quiero decir toda la familia —me confirma con una de sus sonrisas misteriosas.

Quizá hubiera debido darme cuenta en aquel momento. Quizá ella lo intuía sin saberlo aún.

Marruecos es una brizna de ese África que nos unió y nos atrae inexorablemente, la puerta de acceso al continente vecino, tan seductor, tan desconocido. Nos conformamos en esta ocasión con saborear un pedacito del Magreb y nos vamos a Asilah, al sur de Tánger, con sus fachadas blancas, su medina detenida en el tiempo y la muralla que parece abrazarla, protegiéndola de los embates del mar. Las gaviotas se detienen suspendidas en el aire para mirarnos, y mis hijos corretean felices en ese otro mundo como si fuera el suyo, como si el verano fuera un puente tendido entre dos realidades. Disfruto del contraste, de ese otro universo abrupto y desordenado. Y la Asilah familiar, conocida de otros momentos, es nueva ahora, porque la miro a través de los ojos de mis hijos.

Asilah me reconcilia conmigo, con mi vida, con las mil realidades que hubiera deseado vivir, pero no será allí, sino en Tarifa, donde me alcance la noticia, como en una metáfora de la felicidad.

Es esa hora tibia y eterna de la tarde. Yo dormito aún a medias, cuando María sale del baño y se tumba de nuevo junto a mí. Luce su mejor sonrisa y en la mano agita levemente un objeto pequeño, bicolor y alargado. En el fondo creo que ya sé lo que es, que lo he sabido desde el primer momento. Abro los ojos del todo y trato de reincorporarme en la cama sin estar seguro de que la imagen no se difumine ante mis ojos, como hacen los sueños.

Sigue ahí cuando los abro. Y no puedo ni hablar, ni reírme ni preguntar si es cierto. Me quedo a medias entre la alegría y la incredulidad, entre la ilusión y el vértigo, porque una vez más lo que se agita ante mis ojos es una prueba de embarazo.

Positiva, por cierto.

No era algo inesperado. Por aquel entonces, hacía ya tiempo que nos habíamos propuesto tener otro bebé y ampliar la familia. Sentíamos que, si no nos decidíamos pronto, ya no tendríamos más hijos, porque la experiencia con Catalina nos había dejado a ambos muy bloqueados. Todo nos demostraba que era hora de arremangarse de nuevo. Nos abrazamos con cierta incredulidad y con una ilusión renovada, porque ya sabíamos lo que era recibir un embarazo con felicidad.

—¿Estás llorando?

—No. O sí. No lo sé. De alegría.

—¿Por qué?

—Porque esta vez todo va a ir bien. Ya no puede haber ningún fallo. ¿No te das cuenta? —le pregunté con una seguridad rayana en la inconsciencia—. Es nuestro momento: el de poder vivir con auténtica felicidad algo tan bonito.

El verano trascurrió ligero. Estábamos felices, emocionados con esta buena nueva que justo nos encontró, además, en un momento profesional y personal muy consciente. Tampoco yo era ya el mismo de los embarazos anteriores. Ese año 2022 me había cambiado mucho, me había obligado a replantearme prioridades y a valorar —más que nunca— la vida. Con la vuelta a la realidad y al trabajo sentí que todo este mundo de sobreexposición y juicios rápidos empezaba a pesarme. Y me encontré dividido entre dos realidades que tiraban de mí. Por un lado, estaba mi yo más espiritual, lo que yo quería seguir construyendo dentro de mí, en mi vida personal, y en mi relación con Dios; y, de otro lado, todo lo que este mundo de fama y exposición tiene de incómodo: la apariencia, la sonrisa siempre atenta, la falta de libertad y, sobre todo, el hecho de que mi vida estuviese constantemente en tela de juicio.

Llegó el otoño. Probablemente los días cortos, oscuros y fríos no ayudaran. Comencé a hundirme en ese mar de sentimientos contradictorios. Estaba feliz con mi familia, contento de ver lo que estábamos construyendo juntos, pero también sentía una enorme responsabilidad. Venía un año muy importante para nosotros, y no sé si por ello o pese a ello, dentro de mí las cosas se empezaron a desencajar. Algo en mi interior clamaba por un poco de orden, por ayuda, quizá; pero la emoción del momento opacaba la angustiante sensación de que me iba destartalando como una marioneta. Y yo, que al final siempre le pongo alegría y actitud a cada situación e intento que lo bueno prevalezca, busqué un motivo bueno para luchar contra lo malo. Y lo tenía. Mi relación con Dios se encontraba en un momento de puro agradecimiento. Pese a sentir esa especie de discordancia en mi interior, imperaba ese amor que, para mí, era ya un motor de mi vida, más que una mera cuestión de fe. Me sentía capaz de todo, lleno de fuerzas, porque me sabía amado constantemente. Desde ese amor yo también podía amar a la gente que me rodeaba de una manera pura y sincera, sin juicios ni tachas. Tenía la sensación de que mi mirada hacia el mundo estaba cambiando; de que las cosas que antes me causaban dolor ya no lo hacían. Estaba alcanzando un punto de madurez en el que era capaz de mirar todo con ojos de amor y dejar de sentirme atacado o amenazado. Experimenté la sensación de dar sin esperar nada a cambio, más allá de la posibilidad de irme construyendo por el camino.

—Este niño va a ser un santo —afirmaba convencido a quien quisiera escucharme, según transcurría un embarazo plácido y sin sobresaltos.

—¿Por qué dices eso? —preguntaba María.

—Pues ¡porque no puede ser de otra manera! —sonreía yo—. No hay opciones…

El 24 de marzo de 2023, apenas un año después de mi experiencia ucraniana, nació Fede. Con él llegó la paz a nuestra casa. Desde el primer momento todo le venía bien. Comía a su hora, dormía del tirón, nunca se quejaba y siempre tenía una sonrisa con la que obsequiarnos a todos. Los niños le recibieron como a un juguete y nosotros pudimos experimentar esa paz de sentir que algo por primera vez, desde el principio, nos estaba saliendo bien; que no teníamos que chocar con el muro para luego disfrutar de lo bueno, sino que las cosas marchaban y que lo que tanto habíamos anhelado, esperado y deseado era sencillamente eso: una persona que nos llenase de paz, que nos borrase las incertidumbres. Y lo más importante: que nos sanara del miedo que habíamos vivido antes; que nos enseñara que todo el proceso se podía vivir de una forma bonita, no aterrorizados, como nos había tocado hacerlo hasta entonces. María sintió que se curaban sus heridas internas desde el primer momento en que lo cogió en brazos y su llanto se calmó en lugar de derivar en un peligro de asfixia, como aún ocurría con Catalina. Puede parecer obvio, pero para nosotros era la primera vez que experimentábamos esa sensación sin una responsabilidad añadida. Se habían acabado los tiempos de pandemia y su nacimiento fue algo muy compartido, porque había vuelto la vida normal y toda nuestra gente estaba con nosotros, pero también quisimos guardarnos ese poquito de intimidad, saborearla y reflexionar sobre lo que habíamos construido juntos: teníamos veintisiete años y tres hijos.

Mi vida estaba en calma. O eso creía. En realidad, estaba preparándose para la tormenta. A veces se adivinaba a lo lejos con el rumor del trueno, pero yo fingía no escucharla en la esperanza de que pasara sin rozarme. Sabía que se acercaba; la intuía en el horizonte, pero creí que me escudaría en esa calma, lo único que mi mente pedía, lo único que necesitaba. Sabía que vivía en un equilibrio inestable entre el bien y el mal, pero el bien era precioso y el mal todavía era un mal menor.

Tenía la oportunidad de disfrutar de lo que estaba sintiendo, de una familia, de una mujer junto a quien me quedaban miles de sueños por construir, y de un trabajo que me gustaba, pero, a la vez, cada vez me presionaba más la sensación de que cada paso que dábamos dependía de la opinión de miles de desconocidos. Y experimenté de nuevo aquel miedo que esperaba mi debilidad para atacarme; un miedo feroz a lanzarme sin paracaídas a un universo que me seducía de la misma manera que me aterrorizaba.

En la batalla entre ambas sensaciones aún ganaba la luz que me había traído desde Tarifa; la misma que había acompañado la llegada de mi tercer hijo. Si me hubieras preguntado entonces qué sensación era la que predominaba en mi interior, te habría asegurado que la calma.

Ahora sé que es la que precede al temporal.

14

Fui feliz en esa calma. Quizá porque nunca me planteé que fuese efímera.

La tranquilidad que Fede había traído a nuestras vidas era algo confortable, adictivo casi. Un bienestar en el que podíamos deleitarnos con los ojos cerrados.

Había un miembro más en casa, pero, paradójicamente, todo parecía más fácil y plácido que nunca.

Quizá fue porque decidí echar el freno. O quizá fuese al revés: me permití frenar en seco, porque las circunstancias lo propiciaban. Por primera vez en mucho tiempo sentí que podía mirar hacia atrás sin miedos ni vértigos. Como si hasta ese momento solo hubiera sabido mirar hacia adelante, tratando de superar cualquier adversidad, con unas orejeras que me impedían ver lo que sucedía a mi alrededor. En muchas ocasiones, no había podido detenerme a pensar. Y supe entonces que era porque tenía que esperar a que llegara este momento.

Lo hice. Analicé mi vida al detalle, a cámara lenta; la examiné por completo.

Y, con un reconfortante calor tibio dentro del pecho, notaba que me gustaba lo que veía.

Me sentía fuerte, maduro, reflexivo; lleno de amor por los demás y profundamente amado por Dios. Más cerca que nunca de Él.

—A veces tengo la sensación —me susurra María una de esas sorprendentes noches de calma— de que buscas en Dios algo que te falta...

La miro. No hay reproche en sus ojos oscuros. Quizá solo una pregunta muda

—Puede ser. Pero no es algo que me falte ahora, sino algo que he echado de menos durante mucho tiempo, sin saber cómo verbalizarlo —rectifico—. Yo también creo que buscaba en Él un refugio, el lugar seguro que quizá no supe encontrar en mi infancia...

Me remonto a mi pasado, casi sin desearlo, y me veo siempre, perpetuamente, sediento de ese amor-refugio. Me veo intentando cumplir con las expectativas que yo consideraba que mi padre tenía depositadas en mí; esforzándome en que me gustara el fútbol para no sentir que le decepcionaba. ¿Hasta qué punto somos capaces de crearnos una realidad fragmentada, filtrada por nuestra percepción que la otra persona ni siquiera sospecha? Y ¿hasta qué punto puede eso incidir en nuestra personalidad?

Recuerdo también que me encantaba estar con mi abuela materna. Al igual que con mi abuelo paterno. Me sentía incondicionalmente amado por ellos hasta un extremo que jamás hubiese podido definir. Anclado, acompañado, validado. Seguro. Mis intereses importaban. Mis emociones importaban. Mi abuelo me adoraba y yo lo veía como un referente, como el espejo en el que deseaba reflejarme para siempre. Quizá por eso, cuando nos dejó, me pareció algo injusto, a destiempo. Fue el primer golpe certero de tristeza que sentí en mi vida. Despuntaba a la adolescencia y creo que ahí fui consciente de que crecer y hacerte adulto es también eso. Que pasen cosas. Buenas, pero también malas. Aprender a decir adiós a los que amas.

Fue la época más complicada de mi vida; una etapa en la que todo es desmesurado y las emociones son para siempre. Como si alguien lo hubiera planificado de antemano, fue en ese momento cuando empezaron en casa los problemas serios. ¿Fue así o fue la forma en que yo lo percibí? Sentí por vez primera que todo era mutable, que nada puede darse por sentado. Y lo que pudo haber sido una importantísima enseñanza me lastró, porque a una edad en la que ya hay demasiados cambios, tuve la sensación de estar a bordo de un barco y de que a mi alrededor todo, incluso el supuestamente inamovible horizonte, se movía.

Con el tiempo he podido posar esa realidad, diseccionarla y analizarla. Ahora sé que trato de cubrir con entrega esa sensación de anhelo. Que es en la entrega donde me siento amado y que por eso me siento plenamente involucrado en todo el sufrimiento que veo alrededor, hasta el punto de quedarme sin aliento ante el dolor o las injusticias. E incluso ahora que tengo mi propia familia, ahora que tengo un entorno seguro, un hogar en el que me siento amado, noto que una parte de mi corazón está fuera, alerta siempre, dedicada a los demás; a los desconocidos, a los que sufren.

No lo sé poner aún en palabras. Solo sé sentir.

—¿Y ya lo has encontrado? —me pregunta María—. Ese amor que es como un anhelo…

—Claro que sí. En ti. En vosotros. Por eso ya no salgo como salía antes, por eso tengo menos interacciones sociales. Creo que, de algún modo, estoy aprendiendo a dejar de depender emocionalmente del exterior. Antes necesitaba saber siempre que la gente me apreciaba, que contaban conmigo. Necesitaba sentirme querido…

—¿Y ahora?

—Me gusta, claro. ¿Y a quién no? Nos gusta a todos —reflexiono—. Pero mi percepción de quién soy y cómo soy ha dejado de depender de los demás…

Me abraza. Yo la abrazo. Siento mi hogar por primera vez como un refugio de paz. Y sé que podría estar así el resto de mi vida, viendo crecer a mis hijos, tumbado con Tomi en un sofá hasta que sea más grande que yo y, aun así, sentir que quiero seguir abrazándole. Y con un sabor agridulce identifico dos emociones que luchan dentro de mí: la nostalgia del padre que soy, y que ve cómo su niño se le empezará a escapar, y la nostalgia del niño que a veces fui, quien, en ocasiones, aunque ya sea un adulto, también echa de menos los abrazos de su padre.

Solo ahora, tras lo que puedo llamar mi conversión, me doy cuenta de que lo que yo he encontrado en Dios es a otro padre, y otra madre, porque Dios es padre y madre. Otro padre que también ama y se sacrifica, pero, sobre todo, un padre que me quiere imperfecto, o perfecto para Él en mi imperfección. ¿No nos ha creado Él así, a su imagen y semejanza? Y para mí, lo importante pasa a ser cómo soy de verdad, no los cambios en que tendría que incurrir para estar a la altura de lo que creo que alguien espera de mí. Lo importante es que Él me ama con lo que soy y con lo que haga. Y que quiere cuidarme, desea que sea feliz y, para Él, por muchos años que cumpla, siempre seré su niño. Exactamente igual que, pasen los años que pasen, Tomi lo será para mí.

Y ahora, como padre, también entiendo que mi padre me amaba sin los cambios que yo entendía que tenía que hacer para ello.

Ahora sé que no estoy solo. Que nunca voy a estarlo. Cuando tengo miedo, alguien me susurra al oído con tono tranquilizador. Me pide que me calme y me alienta; me asegura que puedo hacer lo que me proponga, me garantiza que estará siempre ahí para protegerme. Esa sensación me llena de alegría. Y siento ese amor suyo tan real y físico como el abrazo de María.

—¿Sabes que ya nunca más vas a volver a sentirte solo? —Ella me sonríe. Su mirada se detiene unos segundos en la cuna de Fede, que duerme plácidamente al lado de nuestra cama—. Ni aunque quieras.

—Es que ya no podría volver a sentirme solo —le digo—. Elegir a alguien desde la soledad quizá sea desesperación, pero elegirlo cuando ya te sientes amado es completarte. Creo que en eso consiste la madurez emocional. En saber que, pese a no necesitar a nadie, quieres estar con alguien en concreto…

María sabe mejor que nadie lo que me ha costado encontrar mi lugar. Si lo he logrado en parte ha sido por la seguridad que me transmite ese amor incondicional. Sin él, nunca habría tenido la valentía para enfrentarme a mis problemas, porque nunca había sentido tanta seguridad, tanta fuerza a la hora de poner en palabras mis miedos, mis complejos, mis inseguridades, mis traumas y mis heridas. Siento que todo lo que alguna vez me ha herido ha dejado de pudrirse en mi interior. Y que el amor es mucho más fácil de lo que nos creemos.

—Ah, ¿sí? —me desafía María—. ¿Hablas del amor divino o del amor terrenal?

«Es que el uno es parte del otro», deseo decirle. Es que el amor es yo y tú, y tú y yo, y en ese tú y yo cada día sentir la fuerza de algo capaz de caldear tu corazón. Amar es sentir que, a su lado, todo está en paz y que una sola mirada al cielo es capaz de devolverte la calma. Amar es establecer una conversación cotidiana, que no tiene nada que ver con las oraciones que nos han enseñado. Amar es sentirse depositario de esa fuerza que te hace enfrentarte con tu mente, tus debilidades, tus miedos y tus propios demonios. Y, sobre todo, ser capaz de sentir cada día como un abrazo nuevo.

—A veces no estoy seguro de si los demás me entenderán cuando lo explico —reconozco—, pero me siento tan seguro, porque me encuentro arropado por un amor tan de verdad. Que sé que no puede fallarme...

—Cuando el amor es de verdad incondicional —me mira muy seria a los ojos—, no puede fallar nunca...

Mayo nos recibe con la dulce noticia de un apetecible viaje compartido. Sin niños. Como un paréntesis en el tiempo. Como un viaje a esa adolescencia sin preocupaciones que se nos hizo tan corta. María y yo, una pareja de amigos e Islandia, ese lugar del mundo en el que en esta época del año no se pone el sol. Sabemos que echaremos de menos a los niños, pero también que van a estar perfectamente cuidados, y nos hace ilusión desconectar durante unos días. Ambos lo necesitamos. No tenemos más expectativas que descansar. Sabemos muy poco del país al que nos dirigimos, tan poco que no habríamos podido estar mejor preparados para dejarnos sorprender.

El lugar nos toma al asalto desde el primer momento. Y no sé hasta qué punto es solo el paisaje o la mágica e irrepetible combinación del lugar, la compañía y el momento. Islandia es naturaleza en estado puro. Paisajes épicos. Una realidad sencilla, telúrica e incuestionable. Hielo. Roca. Lava. Agua. Frío. Calor. Es como sentirse fluir con los elementos.

Como sumergirse en un paisaje limpio y apenas sin huella humana; como si en este escenario fuésemos tan solo un accidente temporal. El aire parece aquí más nítido y el cielo más cercano.

Islandia nos enseña que hay obras invisibles que, desde el silencio, actúan como caricias de Dios para que podamos interpretar la grandeza de su amor hacia nosotros. Y en esta isla nórdica perdida en el océano, su obra me deja sin palabras, como si se complaciera al permitirme asomarme al poder de su creación: la belleza, la perfección, el viento, la tierra, los animales, las plantas, la fuerza de la naturaleza, la misión de cada uno de los caminos trazados ante nosotros.

Y me imagino que así fue alguna vez el paraíso; que así sería el mundo recién acabado de nacer.

Los días sin noche, extrañamente claros, diluidos en una luz difusa, se nos llenan de vida y de anécdotas. Todo nos cunde más, incluso nosotros estamos más vivos, erizados de sensaciones que nos duelen en la piel. Llorar de alegría. Emocionarte sin filtros. La noche antes de un viaje. Un secreto a medias. El olor de un libro nuevo. Querer con locura. Enamorarte a la primera y cada día. Bailar con los ojos cerrados. Reírte con un chiste absurdo. Y que no puedas parar. Correr bajo una tormenta sin paraguas. Un olor que recuerda a… Decir «no» y no sentirte mal. Encontrarte bien después de llorar. Sentir que puedes decidir por ti. El color de las flores. El camino a casa. Gritar en una montaña. Mirar las fotos de tu último viaje. Reírte de ti. El aire fresco de la montaña. La paz del silencio. Tener una hora más. Perderte en una mirada. Hablar sin preocupación. Olvidarte de las cosas. Seguir tu intuición. Un principio. Recobrar la ilusión. La sinceridad. Hacer las paces contigo y con lo que te importa. Descubrir un lugar nuevo. Añadirlo a tu lista de favoritos. Y a tu vida. Atreverte a decir más veces «te quiero».

En Islandia, acariciados por la mano de Dios, todo es tan bello que hace daño y casi siento la nostalgia prematura de lo que dejaremos atrás cuando volvamos. Me concentro en el presente, en María y en mis amigos, y fluimos. Paramos el coche en cualquier carretera por la que no pasa nadie y cantamos hasta quedarnos afónicos, agradecidos por tener el privilegio de vivir estos instantes de felicidad. Trato de llenarme la mente y los pulmones de ellos, para respirarlos a sorbos cuando lleguen los otros, los malos, los que vienen preñados de tristeza y dolor.

—Viendo esta soledad, esta grandeza, ¿cómo alguien puede atreverse a negar la existencia de Dios?

—Quizá porque además de la belleza y la bondad, en el mundo existe esa otra cara, la de la maldad, la de la desgracia y la catástrofe…

—Dios no pone la maldad ni la catástrofe en nuestro camino —afirmo con convencimiento—. Porque si crees en Dios y su obra, también crees en su adversario y en la suya. Dios lo único que puede hacer es prepararnos para cuando llegue el dolor. Y tomarnos de la mano cuando nos damos de frente con él.

La vuelta tiene algo de despedida, del olor de la infancia cuando se queda atrás, del despertar amargo de una noche de fiesta tras el bajón de adrenalina. Estamos en el aeropuerto de Reikiavik, en ese paréntesis de tiempo y de espacio que igualan a todos los aeropuertos del mundo. La cola del *check-in* se hace eterna. Tras los ventanales, esa noche tan pálida que no sabe ser noche empieza a resultar perturbadora y mi mente, agotada, se debate entre abrazar a mis hijos y arañar unas horas más en el paraíso.

—Tomi, mira…

¿De dónde saca María la energía? Me giro hacia ella y la veo pendiente de una familia española cuyos miembros se abrazan en la despedida. Los miro distraído. El marido se queda; intuyo que trabaja en Islandia. La mujer, con los dos niños pequeños, tras darle un último beso, se encamina hacia los mostradores del *check-in* y al control de seguridad. Son casi las tres de la madrugada. Los niños parecen cansados y la madre tiene una sombra de tristeza en la mirada. Se acerca a un mostrador cercano al nuestro. María le sonríe. Una sonrisa de ánimo, de admiración, quizá. Probablemente la mujer solo vea la sonrisa empática de una jovencita. No puede saber hasta qué punto María se sentía, como madre, en su piel.

Ni yo tampoco.

Llegamos a la sala de embarque. Hay una cola muy larga y yo prefiero esperar sentado. Cierro los ojos y me adormilo. En algún momento, me doy cuenta de que María no está sentada a mi lado, pero supongo que habrá ido a estirar las piernas o al baño. A esas horas, no hay mucho más que hacer en ningún aeropuerto del mundo.

O sí.

El sonido del teléfono me sobresalta, porque a esas horas los teléfonos nunca dan buenas noticias. Cuando veo que es María, miro a mi alrededor, desconcertado. Descuelgo la llamada.

—¿Qué pasa? —pregunto bruscamente, asustado casi.

—¿Puedes venir, por favor? —me pide ella a su vez, dulcemente.

Voy a donde me indica. Está con la madre española y sus hijos. Hablan entre ellas, entretenidas, en tono alegre, mientras María acuna al más pequeño en sus brazos. Miro sus ojos y entiendo lo que ha sucedido. Se ha visto reflejada en ella, tan reflejada que se ha convertido en ella. Ha sentido el dolor de la despedida de su marido, el vértigo de quedarse sola con dos niños pequeños, el tedio de los aeropuertos, el caos de maletas, rostros desconocidos y luces estridentes que desconciertan a los más pequeños. No se lo ha pensado y ha venido a ayudarla. En lo que sea. A llevar las bolsas, a cuidar a sus hijos. Con la logística del baño, si tenía que entrar. Algo en lo que yo, sinceramente, no me había parado a pensar.

Me quedo en pie, mirándolas. No hay un ápice de cansancio en los ojos de María. Sonríe alegre mientras habla con ella y cuando me ve, me la presenta, junto a los niños, como me hubiera presentado a una vieja amiga.

Los dos hemos visto a esta mujer, pero solo ella la ha visto de verdad.

—¿Eres su marido? —me pregunta la mujer, con una sonrisa.

—Sí —le digo. Tengo tal nudo en la garganta que no soy capaz de decir mucho más.

Ella también tiene los ojos brillantes. Me aprieta la mano con fuerza y me dice entre admirada y conmovida:

—¡Qué buena es tu mujer…!

Y entonces soy yo el que siente lo que ella siente, el que percibe su admiración y su emoción, y miro a María, como me pasa tantas veces, como si la viera de nuevo. Sigue sorprendiéndome a cada paso. No solo siendo buena, sino ejerciendo la bondad, haciendo de ella un servicio, una necesidad que le sale del corazón. Ella baja la mirada, avergonzada, porque no le gusta que la ensalcen por algo que no reconoce como un mérito. Y siento una oleada de orgullo, como un fuego caliente que me asciende hasta el corazón.

Pienso en lo afortunada que es por tener dentro de sí esa luz, esa capacidad, no solo de conmoverse ante las necesidades de las demás, sino de hacer algo por ellos. Pienso en lo afortunado que soy yo por tenerla a mi lado. Y pienso en todo lo que me queda por aprender junto a ella.

—Gracias —le digo a aquella mujer. Pero en realidad se lo estoy diciendo a María. O se lo digo a Dios. Gracias por ponerme en su camino.

Intento estrecharla suavemente, pero ella deshace el abrazo. En su mirada veo que le avergüenza mostrar nuestro amor. Y esa delicadeza, esa muestra infinita de respeto me inunda el alma.

En el avión estrecho su mano. Sonríe con los ojos cerrados. ¡Parece tan frágil y es tan fuerte! Y a su lado siento de nuevo el ahogo de estar junto a alguien tan grande que nunca sé si podré estar a su altura.

Solo sé que haré lo imposible por intentarlo.

15

Y, de repente, sin saber bien el porqué, aunque estés lleno de buenos propósitos y mejores intenciones, la vida se te viene encima.

Como el agua que hubiese estado represada.

No sabes cuál es el detonante; qué tecla es la que has pulsado sin querer. Simplemente sucede.

Y te despiertas un día sintiendo que no puedes más, que la vida te pesa, que te cuesta levantarte de la cama, que algo te aprieta el pecho y te impide respirar.

Eso me pasó aquel verano. Que la vida real se me echó encima de golpe.

Quise pensar que era algo momentáneo. Que cuando descansara, cuando se acabaran las fiebres y los virus estomacales, cuando se terminaran los madrugones camino del cole por la mañana, todo se calmaría. Ahí sería capaz de parar, de mirarme a mí mismo, de escuchar lo que necesitaba. Pero era imposible. Me pesaba la realidad que escondían los dos mundos en los que nos movemos; me pesaban mi propia familia y mi trabajo. Me pesaba el tiempo que sentía que me faltaba; el no saber decir «no». Me pesaba sentir que siempre tenía que estar a la altura, la búsqueda de la perfección, la autoexigencia y las noches sin dormir. Empecé a perder la ilusión y a vivir de forma autómata, sin disfrutar de las cosas. Y ser consciente de ello me hizo sentirme aún peor. Buceando en mis emociones encontradas, identifiqué los demonios que viven dentro de mí, los que me acompañan desde mi infancia; las mentiras que llevo tanto tiempo interiorizando; los complejos y los prejuicios que me impiden avanzar desde siempre…

Comencé a sentir que me deslizaba cuesta abajo con la inercia de una rueda a la que alguien ha empujado por la ladera. Y supe que no podía parar sin estrellarme.

María es la primera que se da cuenta. Casi a la vez que yo mismo. Está tan cerca de mí que percibe el humor cambiante, aunque yo trate de disimularlo, como las corrientes invisibles que se mueven bajo la superficie del mar.

—¿Dónde estás, Tomi?

—¿Dónde? ¡Aquí!

—No, no siempre. Incluso estando con nosotros hay veces que te vas, que desapareces. Siento como si te sumergieras y dejara de verte…

Yo intento sonreír sin ser del todo consciente de hasta qué punto la tristeza me desborda en la mirada.

—Todos necesitamos algún momento a solas… Evadirnos mentalmente de vez en cuando.

—Lo entiendo —me mira y siento sus ojos como dos cabos que tratan de anudarme de nuevo a la orilla—, pero me da miedo que en una de esas te pierdas y ya no sepas regresar a casa.

Yo también tengo miedo, pero no quiero decírselo para no inquietarla. Y entro en el bucle de nuevo. Tengo miedo a preocupar a los demás, a lo que piensen de mí, a fallarles, a no estar lo suficientemente pendiente de ellos, a no cuidarles como a mí mismo me gusta ser cuidado. Tengo miedo a que el tiempo pase, a que mis hijos crezcan y me juzguen y se avergüencen de mí… Tengo miedo a que me insulten, al igual que de niño me insultaban en el colegio…

Pero no se lo digo. No todo, al menos.

—Solo es que a veces me siento un poco desbordado —confieso simplemente—. Tengo la sensación de que todo pasa a la vez. Como si tuviera que estar presente en cuarenta frentes y no me quedara tiempo para mí.

—Pero eso no es una sensación… —me advierte María.

—Ah, ¿no?

—¡No! —Se ríe y en este momento me encantaría tener esa fortaleza tan admirable—. ¡Es la realidad! Tenemos tres hijos. ¡Vivimos haciendo malabares!

—Pero no lo estamos haciendo mal… ¿Verdad? —le pregunto—. A veces, cuando terminamos de acostarles, estoy tan cansado que creo que no voy a poder rendir al día siguiente. Y luego, cuando estoy trabajando, siento que me falta tiempo para estar con ellos…

—Bienvenido al mundo de la maternidad… —ironiza María.

—¿Solo yo me siento así?

—Todo el mundo se siente así —me tranquiliza ella—. Te puede la responsabilidad. Fluye —me sonríe—. Y confía.

Confía. No sabe hasta qué punto confío en ella. Y en Dios. Cuando creo que no voy a poder más, me aferro a ambos.

Y rezo porque ninguno de los dos me abandone. Porque sin ellos no sé si tendría fuerzas para seguir.

Fue pasando ese verano, el verano más frío de mi vida. Sentía una tristeza que me ahogaba. Iba todo el día abrigado y no me templaba, porque el frío vivía en mi interior. Cuando llegó el mes de agosto y, con él, la promesa de las vacaciones, quise creer que Tarifa me alegraría el alma como ya había sucedido otras veces.

Pero no.

Era incapaz de dejar de preocuparme por las cosas y por las personas que me rodeaban. Aunque no pudiera cambiar la realidad y solo me quedase la impotencia.

María comenzó a medirme con los ojos al despertar. Y yo empecé a rehuir su mirada, la de mis hijos, la de todo el mundo. Incluso la mía propia en el espejo, porque en los últimos días, cada vez que contemplaba la puesta del sol en el mar, cada vez que sentía la tentación de meterme en el agua, tenía que contenerme y abrazarme a mis propias rodillas con fuerza. Porque si me adentraba en el Atlántico no estaba seguro de tener fuerzas para salir.

Pero no podía contárselo a nadie.

Hasta aquella noche, una de esas noches en que volvíamos a casa en silencio, después de cenar. Sonaba una canción en el coche que debió de tocar alguna tecla oculta y, sin poder controlarme, me eché a llorar.

—María, necesito que me ayudes… Ayúdame, por favor.

—¡Tomás! No me asustes, ¿qué te pasa?

—Estoy desbordado —sollocé—. No sé qué me pasa, pero nunca he estado así de mal. Estoy tan triste que siento que no tengo nada. Nada me ilusiona. Nada me emociona. Solo quiero estar arropado por ti y por los niños.

Mis manos se movían mecánicamente sobre el volante. María miró hacia el cristal, a la noche y a la carretera oscura. Volvió a mirarme a mí y trató de sonar tranquilizadora.

—Eso ya es querer algo, Tomás…

—Pero no quiero nada más. Nada ni a nadie. Siento que el trabajo me deshumaniza, porque constantemente veo realidades triviales, cosas que nada tienen que ver conmigo… —insistí.

—No siempre tiene que gustarnos absolutamente todo lo que hacemos, Tomi.

—Lo sé, pero esto es algo más. Es la guerra entre mi crecimiento espiritual y mi crecimiento profesional. No sé si lo que hago tiene sentido.

—Y ¿qué tiene sentido, Tomi? ¿Qué es lo que tiene sentido? —me preguntó asustada—. ¿Qué te gustaría ahora mismo?

Era una buena pregunta. ¿Qué me gustaría? Detuve el coche en un sitio seguro. Me temblaban las manos. Apoyé la frente en el volante como si recapacitara y la miré de nuevo. No podía verme, pero tenía la sensación de que asomarse a mis ojos era como asomarse a un pozo sin fondo.

—Que se acabe el verano —sollocé—. Y volver a casa. Y dormir.

Y entonces le conté todo.

Le conté que había días en los que me molestaba quedar con la gente y solo quería irme de los sitios, porque no era capaz de mantener una conversación.

Le conté que había días en los que me costaba responder a cualquier pregunta, porque sentía que me quedaba sin aire.

Le conté que había días en los que nada tenía sentido, y que los demonios que viven escondidos en mi cabeza salían a saludarme. Días en los que piensas que todo acabará y otros en los que te haces preguntas sobre el futuro.

Le conté que hay días en los que hasta un vaso de agua te pesa en la mano, dejarías todo y te quedarías tumbado, encogido en una esquina del sofá.

Y le conté que hay días en los que la ansiedad llama a tu puerta y no sabes cómo vas a vencerla. El miedo te paraliza y lo único que te queda es buscar las herramientas que conoces, mirar al cielo y dejarlo en sus manos. Y, como dice ella. confiar.

«Por lo menos, ahora tengo a Dios», pienso.

—Tranquilo, Tomás. Relájate —me pide. Posa la palma de su mano en mi cara y la siento como un bálsamo—. Ponle cara a lo que te está pasando. A veces tienes estos pensamientos y son pasajeros. Se te van y al día siguiente te encuentras bien.

—No, nunca te encuentras bien del todo —me desahogo—. Solo finjo para que nadie me juzgue. Porque puede que esté de moda hablar de salud mental, pero nos quedamos en la superficie. Y a mí me duele que se le pongan etiquetas a la gente sin saber qué infiernos está padeciendo. Me duele que podamos pensar que alguien está bien, simplemente porque haya preferido no exteriorizarlo, y que su entorno se quede con esa máscara, sin hacer preguntas…

Vale. Ahora sí he conseguido preocuparla, pero ya no puedo parar. Si vuelvo a callarme, estallaré por dentro.

—Vale, Tomás —trata de recapitular—. Necesitas ayuda, pero ¿crees que puedo ayudarte yo? Porque yo creo que necesitas ayuda profesional.

—¡No quiero! —protesto, incapaz de ver más allá—. La gente frivoliza con estas cosas, María. Y las enfermedades mentales no funcionan así. Tú quieres estar bien. Tratas de estar bien. Te esfuerzas por estar bien, pero tu cabeza no te deja. Y hay una bandada de pájaros negros que deambulan dentro de ti. Y hay un perro que a veces se agarra a tu corazón y lo va devorando poco a poco. Y, como ya conoces lo que es, sabes que no podrás afrontar de nuevo su mundo oscuro de pesadillas, ni la tristeza. Y, a veces, lo único que necesitas es que alguien se siente a tu lado en silencio y te dé un abrazo.

María ya está sentada junto a mí. Me abraza con fuerza. Siento un alivio extraño al notar su cuerpo, como si hubiera temido desaparecer ante sus ojos.

—Necesitas hablar con alguien que pueda ayudarte...

—Ya he hablado con terapeutas, María. Ya he seguido terapias —niego con la cabeza, convencido de que no hay solución—. No me valen. Funcionan un momento, pero cuando ellos se van la oscuridad vuelve.

Es cierto. Me ha pasado. Y casi es peor. Porque creías haber salido y vuelves a desear tumbarte durante horas, como si hubieran puesto una losa sobre tu cuerpo que te impidiera levantarte. Sientes la necesidad física de escapar, de tomar carreteras secundarias hasta desaparecer; o de coger un avión al azar y esconderte en la otra parte del mundo. Y esa necesidad de huida puede transformarse en cualquier válvula de escape. Para unos, las drogas; para otros, el alcohol. ¿Qué terminará siendo para mí?

—Sé lo que sientes, Tomás. Créeme. Todos tenemos días en los que nos sumergimos en un agujero negro y no somos capaces de ver lo afortunados que somos —trata de animarme—. Pero hay una parte de ti que es así y tienes que aprender a vivir con ella. A aceptarla.

Niego con la cabeza.

—¿Sabes? Antes me gustaba ser el centro de todo… Ya no. Ahora solo tengo ganas de conocerme a mí mismo, de saber que no necesito a nadie, de aprender a quererme…

—Es que no puedes hacerlo solo —insiste—. Cuando alguien no puede andar tras un golpe, necesita muletas. ¿Por qué nos negamos a aceptar las muletas provisionales que nos ayuden a levantarnos tras un golpe emocional? Inténtalo con alguien nuevo.

—No sé si quiero abrirme a alguien nuevo.

—¿Por qué no?

No le respondo, pero en el fondo lo sé: seré incapaz de desnudarme de nuevo. ¿Cómo contarle que, aunque parezca fuerte, a veces no sé cómo enfrentarme a las cosas? ¿Cómo relatarle este mundo aparentemente luminoso y lleno de sombras? ¿Cómo confesarle que entre cien mensajes buenos me quedo siempre con el que hace daño sin necesidad? ¿Cómo decirle que, a veces, cuando quedaba con mis amigos, solo me apetecía llorar?

—Eres muy exigente contigo mismo, Tomi —me advierte María—. Esto le pasa a mucha más gente. Y si no te ayudas tú primero, nunca serás capaz de ayudar a otros.

Pienso en el mensaje de los aviones, en el que insta a ponerse la máscara de oxígeno y respirar correctamente antes de ayudar a alguien más.

Las palabras de María me hacen reflexionar. Necesito parar, dejar de hacerme daño, pero también siento ahora que no soy el único, que no estoy solo, que la realidad que hay detrás de los focos es igual de dura que la de cualquiera de las personas que me rodea. Aunque nos separen las páginas de una revista, algunos minutos en televisión, unos cuantos de miles de seguidores o alguna nota en la prensa, hay millones de vidas exactamente iguales a la mía. Imperfectas, aunque se muestren perfectas. Vulnerables. Con miedos, con dudas, con soledad, aunque estemos con gente; con vacío, aunque parezcamos llenos…

Y siento que estoy cerca, tan cerca de todos ellos que casi podría tocarlos.

En verdad, me haría tanta falta…

16

El primer paso siempre es darte cuenta de que algo va mal.

El segundo paso es tratar de solucionarlo.

Cuesta reconocer que necesitas ayuda, que eres vulnerable y no eres capaz de seguir hacia adelante; que necesitas pastillas para continuar. Cuesta. Y yo lo intenté, pese a todo, pese a que ya había estado allí, pese a que iba con miedo y prevenciones. Lo intenté, porque no hacerlo habría supuesto un fracaso íntimo más; hubiera supuesto fallarle a los míos, a mi familia, a mí mismo. Me encontraba extremadamente débil y vulnerable. En mi búsqueda desesperada de soluciones di con una psicóloga que no estaba hecha para mí.

Por eso, en lugar de encontrar asideros en el mundo exterior, los perdí.

—Tomás —me dijo en una de las primeras sesiones—, no podemos dejarlo todo en manos de Dios. Dios es un padre muy bueno, pero también castiga.

Si es difícil poner tus sentimientos y tus emociones en manos de terceras personas, más difícil es aún escuchar reproches que amenazan tus más profundas convicciones.

—Yo no lo veo así —le rebatí con cierta dureza—. Si yo estoy aquí vivo y junto a ti, tratando de sanarme, es precisamente por el amor de Dios. Sin Él, dudo de que hubiera tenido la fuerza para llegar hasta aquí.

No podía renunciar a mi anclaje más potente. No quería. Por eso, dejé la terapia; por eso, volví a ponerme explícitamente en manos de Dios y, por eso, por primera vez, me apoyé en mi familia. Estaba a punto de finalizar el año 2023. Nos habíamos reunido para pasar las Navidades y, pese a la tristeza que me empañaba y a la perpetua sensación de nostalgia, sentí, por primera vez, el inmenso amor de toda mi familia. Mi madre, mi padre, mis hermanas… Era reconfortante. Los miraba como si fueran personas nuevas y supe que, en los últimos tiempos, y por diferentes circunstancias, la vida nos había ido poniendo a todos en distintas encrucijadas. Era como si nos encontráramos en mitad de un camino que yo había transitado antes. Ahora, cada uno de ellos vivía en su propio universo de incertidumbre y, por eso, eran capaces de identificar mis sentimientos y mis emociones; era como si me conocieran íntimamente. Como si al fin habláramos el mismo idioma. Y ahora que todos podían interpretar cómo me sentía, me supe querido por ellos y conté con su apoyo. Eso ayudaba; ayudaba muchísimo.

El último día del año, la noche del 31 de diciembre de 2023, cuando todo el mundo, tras las uvas, expresó sus propósitos de Año Nuevo, yo cerré los ojos para hablar conmigo mismo.

—Quiero ser feliz —me dije—. Yo solo quiero ser feliz como la felicidad que les deseo a los demás. No quiero sufrir más, y si sufro, que sea sabiendo que ese sufrimiento va a ser pasajero, porque mi auténtica meta es ser feliz.

El día 8 de enero, tras reanudarse las clases, inmediatamente después de dejar a mis hijos en el colegio, me pasé por la iglesia, me arrodillé en la capilla del Santísimo y se lo demandé a Jesús en voz alta. Llorando, con las lágrimas deslizándose por mi rostro, con el enfado y la ira y la tristeza y la desesperación posadas en la piel, abrí los brazos y se lo pedí. Casi a gritos.

—Dios mío, te entiendo y siempre he respetado tus tiempos. Sé que todo lo haces perfecto. Sé que me estás ayudando y que estás conmigo incondicionalmente, pero necesito que me ayudes. Cuanto antes. Ya. Ahora. No puedo esperar ni un solo día más, porque no puedo seguir más tiempo con esta tristeza que me parte el alma en dos…

Salí de la iglesia. Sentía un extraño alivio, porque había sido capaz de verbalizar mi necesidad. Y algo más. ¿Quizá esperanza?

El teléfono, que había dejado en silencio, vibró en cuanto me subí al coche. Era un número desconocido. Colgué. Insistió. Escuché la notificación del wasap.

«Tomás, soy Isa, la psicóloga que estuvo con tu prima. Me dijo tu tía que te había hablado de mí y que quizá me llamarías. Es para que te grabes mi número y sepas que estoy disponible. Sin ningún compromiso».

¿En serio?

Sentí un regocijo interno. Isa. Sabía quién era. Es verdad que mi tía Yolanda me había hablado de ella, pero ¿cuántas posibilidades hay de que le pidas a Dios ayuda inmediata y apenas cinco minutos más tarde te llame por teléfono una psicóloga?

Me gusta escuchar las señales. Sonreí, mientras miraba a mi alrededor, sintiéndome observado y querido, muy querido. Llamé a Isa sin esperar más. Parecía muy agradable y realmente feliz de poderme ser de ayuda. O de intentarlo al menos. Yo seguía sintiéndome incapaz de abrirme por completo.

—¿Quieres que quedemos uno de estos días a comer, con María? —me propuso—. Así podemos hablar de una manera más informal y vamos viendo lo que necesitamos.

—No —le dije un poco abruptamente.

—¿No?

—No puedo esperar —le respondí. Acababa de vislumbrar una solución y no estaba dispuesto a posponerla—. Necesito verte ya. Hoy mismo.

Hubo una pequeña pausa al otro lado del teléfono que ella manejó con absoluta profesionalidad.

—No tengo huecos disponibles hoy, Tomás —me advirtió—. Hay otras personas a las que no puedo soltar de la mano. Déjame ver si puedo reorganizar algo y te llamo.

Pensé que sería una respuesta de cortesía hasta que, una hora después, volvió a sonar mi teléfono.

—Se me acaba de quedar una hora libre. —La sentí sonreír al otro lado—. ¿Quieres venirte?

Fui, por supuesto. Empezamos a hablar y la conexión fue tan mágica que una hora se me hizo muy corta. Me propuso recibirme al día siguiente, pese a que no pasaba consulta.

—¿Solo una hora? —le pregunté con cierto desamparo.

—Bueno —sonrió—, tengo tres horas disponibles, pero quizá sea demasiado para una sola sesión. Ya sabes que nadie sale indemne después de bucear en sí mismo…

—Lo sé —admití; estaba dispuesto a correr ese riesgo—, pero necesito andar este camino cuanto antes.

Había confiado instantáneamente en ella. Estaba dispuesto a dejarme llevar. Solo tenía una línea roja.

—Mira, Isa, yo he estado en tratamiento antes. Y sé muy bien, o al menos esa es mi experiencia, que, en el momento de hurgar en la herida, pueden despertarse sentimientos de odio hacia personas que han formado o forman parte de tu vida. —Me escuchó con mucha atención—. Yo quiero que me ahorres eso, por favor. No quiero odiar. No he venido aquí a odiar a nadie, sino al revés. Vengo a perdonar y a perdonarme. Mi propósito es amar a todo el mundo. Y eso incluye a la gente que me ha hecho daño.

Se lo lancé como el que lanza un reto. Y ella lo aceptó.

Al día siguiente, fui. Y se lo conté todo.

Eso me obligó a poner todo en orden. A recontarme lo que me sucedía.

Al terminar la primera sesión, Isa me miró largamente, casi sin pestañear, evaluando mis heridas internas.

—Esto va a ser un proceso largo, Tomás.

—No tengo tanto tiempo —le repliqué. Vi la posibilidad real de un avance y no estaba dispuesto a ralentizarlo—. Necesito estar bien ya. Ahora. Necesito un atajo. Dime qué fechas tienes disponibles. Yo no quiero venir una hora a la semana. No me merece la pena tanto dolor. Si me meto a bucear dentro de mí mismo no voy a salir hasta que se me acabe el oxígeno.

—Muy bien —admitió—. Cómprate la libreta que más te guste y el bolígrafo más bonito que veas. Escribe. Quiero que escribas todo lo que pienses, lo que recuerdes y lo que sientas. Y que luego vengas y me lo cuentes.

Me programó una reunión infinita al día siguiente, desde las nueve a las dos; y a la semana siguiente, tres sesiones consecutivas.

Salí de allí con la sensación de que tenía una misión.

Viéndolo ahora, con perspectiva, creo que hasta ese momento no había sido capaz de detenerme a reflexionar. A mirar hacia atrás y a enfocar de nuevo hacia adelante. Cuando lo hice por primera vez, lo que vi me dio vértigo. La sensación que tenía era la de que me había subido a un barco a los diecisiete años y había ido surfeando las olas, los problemas, las alegrías, pero sin pararme a solucionar unos ni a disfrutar de las otras. Me había centrado siempre en vivir, pero no en saborear cada una de las cosas que me sucedían.

Y ahora que aparentemente todo empezaba a estar bien y a encauzarse, algo dentro de mí bajó la guardia y entonces se me quitó el vendaje, las orejeras, como las que llevan los caballos en los precipicios para mirar solo el camino, sin ser conscientes de la caída.

Empecé a ver todo a mi alrededor. Las decisiones que había ido tomando, las cosas buenas o malas que habían sucedido y me habían llevado hasta el punto en el que estaba ahora. Me quité las orejeras y, como los caballos, vi el abismo. Y el abismo era un pozo de tristeza muy grande.

Junto a Isa inicié un proceso precioso. Yo necesitaba incorporar a mi sanación la idea de un Dios-Amor y ella estuvo completamente abierta a ello, porque también lo veía así. Sentí que estaba encarando el camino correcto, que estábamos alineados. Y que estaba sucediendo de esta manera por algo.

En las siguientes sesiones, desgrané cada una de las líneas de los recuerdos y las emociones que había anotado en mi libreta. Ella no tomó ni un solo apunte. No me hizo ni una sola pregunta. Solo escuchaba, empapándose de todo. Y cuando por fin habló, me volvió del revés. Tomó mi narrativa y la recondujo por un proceso de abstracción hasta que me mostró al Tomás niño, herido y solo, que yo había sido. La imagen me impactó. Yo mismo le había contado mi vida sin exteriorizar emociones, disociándome de mí mismo. Había sido capaz de enseñarle mis heridas, pero la visión de aquel niño, aparentemente ajeno y desvalido, me dolió en lo más profundo. Comencé a reconocerme de nuevo y a tratar de limar todas las mentiras y prejuicios que el mundo —y quizá yo mismo— había vertido sobre mí. Tenía ganas de quererme y de conocer al verdadero Tomás, tal y como era antes de que el sufrimiento le hubiese arrastrado como una marea.

—Nunca había visto un escaparate tan grande en una persona tan destrozada —me advirtió Isa admirada—. Eres un saco de debilidades, Tomás. Vives con tantos miedos que no sé cómo has podido llegar hasta aquí.

Pero había llegado. Y eso también debía de ser por algo. Me pregunté si mi experiencia podría ayudar a otros. Y sonreí ante esa idea.

Isa tenía razón. Ha sido un proceso largo, muy largo y doloroso, pero por lo mismo he sido capaz de destruir lo que había construido. He ido al origen de mis heridas, y al origen de las de ese Tomás niño, para saber por qué habían actuado así, por qué le habían dolido; por qué, tanto tiempo después, aún me pesaban. Fui capaz de hacerlo. Un día decidí verbalizar mis miedos en una lista. Y salieron una treintena de terrores enormes, grandísimos, que yo sentía que me impedían vivir.

—Enfréntate a ellos —me pidió Isa. Y sonó a una orden.

—Nadie puede enfrentarse a sus miedos —protesté—. Por eso son miedos.

—Todos podemos. Solo necesitamos evaluar qué es lo que hay al otro lado para decidir si merece la pena correr el riesgo.

Crucé. Crucé a ese otro lado y observé, admirado y sorprendido, que no había nada. Absolutamente nada. Constaté que cuando saltas la muralla de tus miedos no sucede nada. La vida sigue. Todo tiene su camino, siempre que haya una clave que nos guíe. En mi caso, y como siempre lo había supuesto, es el amor. El amor de verdad. El amor por mi mujer, por mis hijos, por mi trabajo, por mi familia… El amor por todo lo que hago.

A los tres meses había borrado ya una veintena de miedos.

—Somos un regalo de Dios, Tomás —me dijo Isa una mañana, cuando casi finalizamos nuestras sesiones—. Nuestro regalo es el cuerpo que alberga el alma. Quiero que cuando mires a los demás, incluso a ti mismo, te mires con los mismos ojos con los que Dios nos estará observando desde el cielo. Y para Dios, Tomás, somos perfectos. Tú eres perfecto, porque tu cuerpo alberga tu alma y tu alma es un trozo de Él.

Esa imagen me gusta, me llena y además creo que es absolutamente cierta. Que todos y cada uno de nosotros somos un pedacito de Dios.

Todo pasa por algo.

Por eso estoy contando esta historia. Tengo que agradecérselo a ella. Y a Dios. Ellos han reconstruido un interior que ya creía roto. Me han enseñado a buscar los orígenes de mis heridas y a sanarlas, porque ahora, a mis veintiocho años, tengo una madurez emocional de la que carecía cuando me enfrenté por primera vez a ellas.

Y creo que quizá mi experiencia pueda ser útil a otros.

Quemar etapas, vivir expuesto, no renunciar a tus creencias más profundas no siempre es fácil. Pero ahora siento que es como si todo hubiera tenido que pasar de esta manera; como si los senderos se hubiesen bifurcado para llegar a este punto; como si la vida me hubiera puesto pruebas y trabas para obligarme a tomar determinadas decisiones; como si hubiera necesitado cuestionar a mi familia, a mis amigos, a mi trabajo, a mí mismo e incluso a Dios para encontrarme donde me encuentro.

Para ver la vida como la veo ahora.

No me ha sido sencillo ser capaz de reconocer las cosas que me hacen feliz; ni pararme a reflexionar; ni saber decir «no» y aprender a evitar las tentaciones. A veces, no me ha resultado fácil saber quién soy.

El camino ha sido duro, pero estoy aprendiendo a vivir con plenitud. No es algo que haya terminado ni mucho menos. De hecho, sigo inmerso en este proceso.

Ahora sé que puedo autogestionar mi calma y mi paz, y he dejado de depender de las circunstancias o de las personas que me rodean. Ahora sé que soy capaz de tomar las riendas de mi vida y amar desinteresadamente a todo el que me rodea.

Amar incluso a quien no amaba.

Ahora puedo decir que Dios me ha salvado la vida, y que ha puesto un instrumento entre Él y yo para acortarme el camino al cielo. Aunque no tengo ninguna prisa, porque quiero disfrutar de toda la felicidad que me espera en la tierra.

Ahora sé que, si en los momentos más duros todos supiéramos que somos un pedazo infinito de Dios, estaríamos mucho menos perdidos.

Ahora, por fin, sé quién soy. Y espero que a lo largo de estas páginas tú también hayas tenido la oportunidad de saberlo.

Y tú ¿sabes quién eres?

EPÍLOGO

Escribo estas líneas el 31 de diciembre de 2024. Para mí, este libro es una metáfora del año que termina y una declaración de intenciones para el que comienza. He pasado por muchas cosas, pero confieso que gracias a todas ellas soy un poco más sabio y fuerte. Esta suma de experiencias —algunas muy duras y otras reconfortantes— han configurado el rumbo que seguiré el resto de mi vida.

En los últimos tiempos, he aprendido que la alegría es capaz de colarse en tu interior sin hacer ruido. Uno no sabe cómo ni cuándo llega, pero irrumpe en tu vida para desplazar a la tristeza y aclarar tus dudas. Solo espera el momento adecuado para manifestarse.

También he aprendido que tenemos que salir de nuestra isla de aparente confort para cruzar mares huracanados y tormentas. Necesitamos sostener el timón con todas nuestras fuerzas para alcanzar nuestro destino, aunque parezca que la tempestad no nos da tregua.

Mi ruta está inscrita más allá de las estrellas. Solo mirando al cielo con gratitud puedo sentirme limpio y transparente. Y solo así deseo que mis hijos observen el mundo a través de mis ojos.

Siento que este es mi momento de levar anclas, porque las culpas son anclas que nos retienen y nos impiden explorar nuevos horizontes. La vida es un mar habitado por belleza y por peligros que nos acechan continuamente, pero hay que vivirlos y combatirlos para disfrutar del verdadero viaje: aquel que tiene como meta nuestra superación personal.

Hoy es el último día del año, pero esto ya lo he dicho, ¿no? Abro mi libreta y anoto mis deseos como si fueran pequeños puertos en los que recalar a lo largo de esta travesía.

Quiero bailar sin motivo; mirar cada atardecer como si fuera el último; vivir en paz en un mundo que se me ofrece como un enorme y sorprendente regalo. Quiero contemplar esas huellas que se borran con la marea en una playa paradisiaca; apreciar la calma tras la tempestad y recordar que mi vida es una película que se puede saborear capítulo a capítulo.

Después de todo, me siento como el marinero intrépido que se interna en un océano desconocido. Sabe que transitará por latitudes extrañas, pero, antes de embarcarse en este viaje crucial, ha estudiado con detenimiento el centro de su cartografía: su interior herido. Nada de lo que siento ahora sería posible, si no me hubiera dado la oportunidad de observarme, cuidarme, perdonarme y quererme. Trabajé en mí y me demostré que puedo ser más fuerte que nunca. Las nieblas se disipan.

* * *

Son las cinco y media de la tarde de este último día del año. Este invierno está siendo uno de los más luminosos que recuerdo. Madrid se derrite en los tonos naranjas del atardecer. María y yo hemos ido a comer con unos amigos. Cuando regresamos a casa, nuestros hijos corren a nuestros brazos como si hubiéramos estado años separados. Como no podemos con los tres a la vez, terminamos todos tirados en el suelo. María y yo nos ponemos a la altura de sus ojos y exploramos su espacio. De nosotros cinco surgen risas espontáneas, gritos alegres y unas ganas inmensas de jugar a ser nosotros mismos. Aspiramos a esa felicidad familiar constituida por mil pequeños detalles. La energía de mis hijos es el viento que sopla mis velas, el motor que arranca mi nave.

Me asomo a la ventana, justo en el momento en el que la luz del atardecer lo inunda todo. En ese instante, todas mis preocupaciones se diluyen, envueltas en unas nubes de tonos imposibles, como tragadas por el horizonte y por ese cielo inmenso que me cobija.

El abrazo colectivo me transmite una sensación de unidad que trepa por mi piel y se transforma en un escalofrío. Mi alma se ensancha. Rodea mi mundo y este me regala mucho más de lo que jamás había soñado. Para ser perfecto, a este momento le falta su propia banda sonora. Enciendo los altavoces y la casa se impregna de un ritmo vibrante y pegadizo. La voz inconfundible de Jorge Celedón interpreta *Qué bonita es esta vida:* «A pesar de los pesares, siempre hay alguien que nos quiere, siempre hay alguien que nos cuida». Sus palabras recorren no solo cada rincón de mi hogar, sino también de mi alma. «Brindemos por la vida, que es linda». Esto no podemos olvidarlo. Nunca. En ninguna circunstancia.

Quisiera detener el tiempo, deshacerme en lágrimas, reír a carcajadas, bendecir agradecido nuestro hogar, porque sigo aquí pese a los golpes, los altibajos, las lágrimas y esos momentos amargos en los que la vida duele, escuece, se infiltra en las heridas y no nos permite mirar más allá de nuestro dolor. Pese a todo lo vivido, he vencido mil batallas y atesoro estos instantes junto a mi mujer y a mis hijos. He seguido navegando en las noches más oscuras, sin tirar la toalla, y he atracado en un puerto mucho más luminoso. No cabe duda de que cuando superamos las sombras, vivimos con mayor intensidad.

La tarde de este último día del año se va apagando, pero se prenden las luces juguetonas de la ciudad. Después de mucho tiempo a la deriva, al fin piso esta cálida orilla. Tras una travesía llena de incertidumbres, lo he logrado. Mi fe me ha ayudado a superar todo aquello que me dañaba y me hacía dudar. Después de largas jornadas bregando bajo las tormentas, y en medio de un desconcertante oleaje, estoy aquí y sé quién soy.

Miro a María. Ella es mi espacio seguro, mi referencia, la que me indica en altamar dónde están los peligros y me señala las posibles salidas. En sus ojos profundos y bellos encuentro siempre una bienvenida perpetua. Me sonríe e intuyo que me lee el pensamiento. Aproxima su mano a la mía, y se las arregla para acariciarme la palma en mitad del bullicio de nuestros hijos, aún muertos de risa reclamándonos más cosquillas.

María es mi compañera de viaje. Ella y yo hemos superado muchas cosas juntos. Hoy valoramos más que nunca este puerto al que siempre queremos llegar: nuestro hogar, el que hemos construido entre los dos con algo genuino llamado amor.

Este libro se terminó de escribir el día 10 de enero de 2025.
Isa, Emma y Vir, solo vosotras guardáis en vuestro corazón los secretos escondidos entre líneas. Gracias por acompañarme, quererme y jamás juzgarme.